GELUKKIG ZIJN
Bewustwording door levenskunst

GELUKKIG ZIJN

Bewustwording door levenskunst

WILLY PERIZONIUS

mirananda

Ontwerp omslag
typografie en opmaak binnenwerk
Dick Aarsen

ISBN 90 6271 883 3 NUGI 612   SB 29

INHOUD

VOORWOORD

Er is iets waar vele mensen hun leven lang naar zoeken hoewel het voor iedereen is weggelegd, dat is gelukkig zijn.

Wij zoeken daar tevergeefs naar en trachten dat op talloze manieren te bereiken en wel door middel van succes, geld, goede gezondheid, een partner, in een godsdienst, enzovoort. Maar zolang we door ons ego geleid worden blijft dat geluk afhankelijk van wereldse omstandigheden buiten onszelf, waarover we weinig of geen zeggenschap hebben.

Toch is er een weg. Maar dat is niet de weg van geluk zoeken in uiterlijke omstandigheden buiten onszelf, maar van gelukkigzijn in onszelf. Dat gelukkigzijn is een levensinstelling, die los staat van uiterlijke omstandigheden. Het is een wezenlijk gevoel in onze binnenwereld, dat wacht om ontdekt te worden door bewustwording.

Dit boek werkt onbewust,
als een sleutel
om er de deur naar ons innerlijke wezen
mee op een kier te zetten.

Daarna zal het ons
de weg gaan wijzen,
om voor verdere opening,
zelf de sleutel te gebruiken.

WELKOMSTWOORD

Het doel van dit boek is u uit te nodigen samen de weg van levenskunst te gaan, die tot gelukkig zijn in onszelf kan leiden.

Deze weg vraagt ons ons bewust te worden van ons innerlijke wezen. Voor het ontwaken van dat bewustzijn is het nodig dat wij met ons hart meeleven bij wat we lezen. Dat is essentieel. Als we lezen om er kennis van te nemen, voeden we ons verstand alleen, op grond waarvan we in het bestaan van een innerlijk wezen hoogstens kunnen 'geloven'. Maar als we er tegelijkertijd ons hart voor openstellen, spreken we ook ons gevoelsleven aan, waardoor we tot bewustwording en ervaring van het bestaan van ons innerlijke wezen kunnen komen, dat in onze binnenwereld ligt en erop wacht ontdekt te worden. Spelenderwijs zal dat tot verdieping van inzicht en tot verrassende verrijking van ons gevoelsleven kunnen leiden.

In het hart van ieder van ons is een snaar, die als we bij het lezen van het boek steeds met ons hart blijven meeleven, in trilling kan komen zoals dat ook bij muziek gaat die ontroert. Daardoor kunnen de wil en het vermogen ontstaan daadwerkelijk door middel van levenskunst tot levensgeluk te komen. In het begin zal het openstellen van ons hart zeker om oefening vragen, maar als we doorzetten kan er een meditatieve sfeer van lezen en op den duur een nieuwe vorm van leven uit ontstaan. Het zal goed zijn zowel voor we beginnen, als ook tijdens het lezen af en toe even afstand te nemen door innerlijk stil te worden.

1. LEVENSKUNST

Is leven een kunst? We leven toch omdat we leven?
Ja, dat doen we onbewust, maar levenskunst is de kunst het leven bewust te leven. Bewust leven vraagt om bewustwording van ons innerlijke wezen en vervolgens om het inschakelen van dat bewustzijn in ons dagelijks leven. Door die inschakeling kunnen we ons ook bewust gaan worden van ons levensdoel, dat ons bij de geboorte is meegegeven ter verwerkelijking in dit leven. Het gaat erom niet automatisch, maar bewust te leren leven, waardoor we door 'het leven' geleid zullen worden.
Levenskunst is moeilijk grijpbaar en lastig vast te leggen.
Allereerst is levenskunst de kunst in ons dagelijks leven uitdrukking te leren geven aan ons innerlijke wezen. En daardoor wordt levenskunst ook een ontmoetingskunst met het wezen van anderen in de zichtbare wereld.
Naarmate we dat vermogen verwerven, zullen we overal waar we gaan, onze levensatmosfeer met ons meedragen. En die atmosfeer kan het gemoed van wie daar ontvankelijk voor is ontmoeten en het gemoed voor wie dat niet is, tijdelijk opheffen uit het bewustzijn van afgescheidenheid, van de uiterlijke wereld alleen.
Dit boek kan een wegwijzer zijn naar het beoefenen van die kunst, zodat we kunnen leren 'het leven' niet langer te blijven misbruiken. Het gaat niet om een door de wetenschap of kennis te erkennen verhaal, maar om tot bewustzijn te komen van ons innerlijke leven en tot ontwaking van ons geluksgevoel, dat bij velen van ons nog in diepe slaap is of sluimert.
Mentale of wetenschappelijke juistheden en onjuistheden kunnen er vele zijn, maar daarop wijzen zal de snaar in ons hart niet doen trillen.
Wijsheid is het licht van de liefde, niet een vastgesteld kennisstandpunt. Wijsheid die we niet voelen kunnen is niet wijs.

Laten we de inhoud van dit boek dan ook niet voor waar aannemen, tenzij we deze bewust in ons hart toelaten, om tot beleving ervan te komen. Levenskunst kan, via de ontmaskering van ons ego, een einde maken aan de begoocheling van het bestaan van de materiële wereld alleen, en dat zal ons het bestaan van een andere werkelijkheid doen ervaren.

Op grond hiervan kunnen we ons van ons levensdoel bewust gaan worden en dat levensdoel zal ons gaan leiden vanaf de troon, waarop nu ons ego zit, en dan zal een vorm van leven gerealiseerd kunnen worden, die rust op innerlijke en uiterlijke eenheid en harmonie. Door bewustwording daarvan kunnen we ervaren dat we grotendeels zelf verantwoordelijk zijn voor onze geestelijke en lichamelijke gezondheidstoestand. Want het is niet 'het leven', maar onze reactie erop, die vaak zowel onze fysieke als psychische gezondheid verstoort.

De tijd van de heerschappij van het denken en van een ik-bestuur, dat zich van ons innerlijke leven niets aantrekt, is dan voorbij. En wij kunnen meehelpen aan de opbouw van een leefbare wereld.

LEVENSKUNST

De ware geest is vrij en blij,
als vogels in de lucht.
Door vleugels vrij van zwaartekracht,
gedragen in hun vlucht.

Waak over de vleugels van je geest,
door bewust te leven.
Dan zal, wat ook op aard' gebeurt,
je vreugde zijn gebleven.

De ware geest
dat is, als het waarnemend en deelnemend zelf
onderscheiden een zijn en het leven van de mens een
voortgaand dienend-doen is geworden.

Vrij van zwaartekracht
dat is, zonder ego-conditioning,
zonder identificatie en bewustzijnsvernauwing.
Bewust te leven
dat is, niet uitgaande van onze werkelijkheid alleen,
maar alle werkelijkheden insluitend van alles wat leeft.

Je vreugde is gebleven
dan is er sprake van een duurzaam geluksgevoel,
ondanks alle moeilijkheden,
en dat is levenskunst.

2. HET KRISTALLEN GLAS

Gevoelens verwoorden door ze met woorden te bekleden is niet moeilijk, zolang we dat voor onszelf doen, bijvoorbeeld als we aan de rand van een bergmeer zitten en een gevoel hebben dit te willen verwoorden. Daartegenover staat, iets te verwoorden met de bedoeling het aan een ander over te brengen en wel zo dat de ander het niet alleen begrijpen kan, maar ook beleven. En daar gaat het hier om, want wat ik aan de lezer zou willen overbrengen is feitelijk niet te verwoorden, tenzij het met het hart gelezen wordt zoals dichtregels.

> *Levenskunst is doende zijn,*
> *met alledaagse dingen,*
> *en dan je ziel daar tussendoor,*
> *zijn reislied horen zingen.*

Door met het hart zo'n gedicht te lezen, zouden ook wij kunnen komen tot het horen van het reislied van onze ziel. Anders gezegd, verwoording zou als een verklanking kunnen zijn van een gevoel door middel van een toon die, als deze wordt aangeslagen in een kamer waar kristallen glazen staan, enkele glazen doet trillen.

In dit boek is geprobeerd door de vorm van verwoording, die toon innerlijk mee te laten klinken en de lezer wordt gevraagd zich tijdens het lezen, als zo'n kristallen glas te willen opstellen, teneinde tot de eigen beleving te komen van wat achter of binnen de woorden verborgen is.

Daarom is het belangrijk dat wij behalve voor de kennis ons ook openstellen voor het gevoel ervan.

Want zoals gezegd, in het hart van ieder van ons is een snaar die, terwijl we lezen, kan meetrillen als een kristallen glas. Maar dusdanig luisteren vraagt innerlijk zwijgen van ons. Alleen in die stilte kan het bewustzijnsgebied dat voorbij het denken is, gevoeld en gevoed worden.

En wat is de voorwaarde waaraan een kristallen glas voldoet? Glas heeft geen oren, het kan niet denken en heeft geen standpunt. Een mens is wat dat betreft eigenlijk het tegenovergestelde van een kristallen glas. Wij luisteren bijna altijd met een oordeel vanuit ons standpunt en nemen dan op wat dat begunstigt en wijzen de rest af.

Maar dat doen wij niet als we muziek horen die ons ontroert, wij luisteren dan onbewust voorbij het denken, ons denken zwijgt. Wij worden stil en stellen ons open als een blanke bladzijde. Is het eigenlijk niet alsof dan in ons hart een snaar begint mee te trillen?

Voor lezen of luisteren naar levenslessen is innerlijk zwijgen nodig, het stil worden van iedere gedachte of ieder standpunt. Alleen in stilte kan het bewustzijnsgebied dat boven het mentale is ervaren worden, stilte van onze mentale verzamelde kennis, waarvan de activiteit altijd doorwerkt als een scherm van weerstand, waardoor we alleen toelaten en opnemen waar we het mee eens zijn. Want onze gedachten blijven bezig met wat wij ervan denken en we lezen nauwelijks wat er staat of horen niet wat gezegd wordt. We zitten als het ware in een niet ontvankelijk bewustzijnsgebied gevangen.

Als we stil lezen en ons hart daarvoor openstellen, als we luisteren zonder direct in te stemmen of te reageren, zonder het beter te willen weten of te vergelijken, komen we in een ander bewustzijnsgebied. We zijn dan open als een blanke bladzijde van onze geest, zodat de zon zijn licht en schaduwspel ongehinderd op ons wezen kan projecteren. Dan, en niet eerder, hangt het van onze bereidheid af, van onze instelling en onze afstemming of van ons geheime verlangen, of we bewogen worden en iets ervaren van wat we horen of lezen.

In ieder van ons is van de schepping af aan een gevoelsgeheugen van de eenheid van de schepping ingelegd. Naarmate dit gevoelsgeheugen in vorige levens tot evolutie is gekomen, er wat 'overblijfselen' genoemd kunnen worden zijn, ontstonden erkentenissen van de innerlijke wereld, welke in elk volgend leven opnieuw herinnerd kunnen worden, dan tot nieuwe ervaringen leiden en opnieuw zullen worden opgeborgen. Het was de innerlijke stem van onze door 'het leven' gewekte overblijfselen die ons er oorspronkelijk toe bracht door een bijzondere gebeurtenis of stille meditatie opnieuw tot erkenning en beleving van de innerlijke wereld te komen.

Overblijfselen vormen als het ware het dagboek van onze ervaringen uit vorige levens, van momenten van bewustzijnsgroei, van heelheidstrillingen, van licht. Het dagboek is het gevoelsgeheugen, en vormt de magneet om datgene mee aan te trekken uit de wereld, dat nodig is voor onze innerlijke ontwikkeling en dat de rijping van onze innerlijke mens bevordert, terwille van onze een- of heelwording. Het zijn de ervaringen van het eeuwige leven die in ons dagboek staan, die wij ons kunnen gaan her-inneren.

Anders gezegd, overblijfselen zijn de sluimerende innerlijke belevenissen van verworvenheden in vorige levens welke door ontmoetingen met overeenstemmende sferen, in trilling komen en actief worden. Deze geven de opgroeiende mens een onbestemd gevoel van verlangen of heimwee, waardoor wij ertoe komen te gaan zoeken.

Zo zullen wij als het ware mensen en omstandigheden, of een boek of een kunstvorm, kunnen aantrekken die deze gevoelens en verlangens kunnen voeden. Door deze ontmoetingen kunnen wij ertoe gebracht worden de innerlijke weg, die in vorige levens begonnen is, in dit leven voort te zetten. Overblijfselen zijn alle staten van liefde en wijsheid, van onschuld en vrede die we bij onze geboorte hebben meegebracht en die van onze kindsheid af worden gewekt door innerlijke gevoelens van belevenissen. Deze worden bovendien versterkt wanneer het gevoel ervan tot een daad leidt.

Afstappen van ons grondvlak van eigenliefde, zonder noemenswaardige steun van overblijfselen, zou betekenen dat wij het gevoel hebben vrijwillig de grond op te geven waarop wij staan, zonder enig uitzicht te hebben op doorleven op een ander vlak. Maar als er voldoende overblijfselen zijn gevormd in vorige levens, die in dit leven zijn versterkt, hetzij door de sfeer van opvoeders en omgeving van ons als kind, en/of 'toevallige' ontmoetingen met een sfeer die van innerlijk weten uitgaat, dan versterkt dat het inzicht en uitzicht op ons nieuwe leven en de bereidheid daarvoor dingen van het oude leven op te geven.

Zoals onze overblijfselen uitlopers zijn van de eenheid van de schepping en daarop rusten, zo gaat de vanaf de geboorte gevormde ego-persoonlijkheid alleen uit van de materiële wereld en rust daarop. Zoals van eenheid liefde uitgaat, zo kan van verdeeldheid niets anders dan eigenliefde of ik-zucht uitgaan met de bijbehorende begeerten die evenals de gevoelens zelf niets met liefde te maken hebben.

Er zijn mensen die schijnbaar wel, en anderen die nog geen gewekte overblijfselen hebben. Deze laatsten zijn daardoor min of meer geheel op hun ego-persoonlijkheid aangewezen op grond waarvan zij overwegend onwetend zijn. Door te leren van ervaringen kunnen hun overblijfselen in dit leven actief worden, waarvan zij de vruchten bij hun geboorte in een volgend leven zullen meebrengen.

Maar bij de eersten kunnen de overblijfselen door een enkele gevoelige ontmoeting, als door een innerlijke stem, opnieuw gewekt worden waardoor deze plotseling terugkomen waar zij in hun vorige leven op de weg naar heelwording gebleven waren. Het zijn de overblijfselen die in ons zo'n kristallen glas vormen, dat in trilling wordt gebracht door sferen van liefde en wijsheid die ontroering wekken. Deze aandoeningen van ontroering wakkeren vervolgens ons verlangen aan onze ziel, of innerlijke wezen te realiseren. De bron van gevoel voor levenswijsheid ontspringt voor een belangrijk deel uit onze overblijfselen.

Door verlangen naar verdere ontwikkeling en verwerkelijking wordt ook ons denken aangezet kennis en wijsheid daarvoor te vergaren. Die kennis komt, maar dan staan we voor het feit dat we ons ego moeten opgeven, en daarmee kan een conflict tussen ons innerlijke gevoel en ons ego ontstaan.

Een gelukkig leven
bereikt de mens niet
door uiterlijke verandering
van zijn omstandigheden,
maar alleen
door zelf te veranderen.

3. HET GEHEIM

Wat is dat geheim, dat onbestemde verlangen dat velen van ons, als we jong zijn zo bezighoudt en dat naarmate we opgroeien en aan ons maatschappelijk leven beginnen, langzaam maar zeker op de achtergrond begint te raken, of zelfs helemaal uit ons gezichtsveld verdwijnt, alsof het achter de horizon van ons bewustzijn ondergaat?

Wat is dat geheim waarvan ook daarna een herhaaldelijk terugkerende, maar verborgen, stimulans blijft uitgaan om onze dagelijkse sleur te verbreken en naar 'iets' te zoeken? Naar iets te zoeken dat ons een andere zekerheid en veiligheid kan geven dan die we in deze wereld kunnen vinden, iets dat boven alle dingen uitgaande ons meer vertrouwen in het leven geeft.

De wetenschap die in onze tijd eeuwenlang verborgen geheimen heeft weten te ontdekken en blijft ontdekken, heeft dát geheim tot nu toe niet ontdekt.

Hoe komt dat? Wat voor bijzonder karakter moet dat geheim wel hebben, dat het door alle tijden heen slechts aan weinigen gegeven wordt het te ontdekken?

Het is duidelijk geworden dat de gevoeligheid voor het geheim, hoe groot de kennis ervan misschien ook is, niet over te brengen is door woord of geschrift van de ene mens op de andere. Uit de voorlichting over het geheim en over de weg erheen ontstonden religies, maar de tijd heeft ook hier geleerd dat voorlichting over een ding niet het ding zelf is, evenmin als het woord bloem, een bloem of het woord god, god is.

Het wonder van dit geheim is misschien juist daarin gelegen, dat het niet door te geven is. En dat betekent dat de ontdekking ervan, een ontdekking is die wij alleen in onszelf kunnen doen. Maar dat betekent ook, dat ieder die zich ertoe geroepen voelt, alsof het geheim zelf om ontdekking roept, daartoe in staat is.

Want of we het weten of niet, ieder van ons draagt dat geheim in zich.

Door de snaar, die in trilling kan komen als we ons hart bij het

17

lezen openstellen, kunnen we bewust gaan worden van onze ziel of innerlijke wezen. Daardoor kunnen we aan de evolutie van ons innerlijke wezen gaan meewerken, en dat is levenskunst.

De hele natuur wordt door 'het leven' geleid, het leven van planten en dieren en mensen. De onzichtbare of innerlijke wereld van de natuur leert, verlicht en leidt de zichtbare natuur vanzelf. Maar door het ego van de mens is deze een afgescheiden leven gaan leiden. De natuur heeft geen ego en groeit en bloeit vanzelf. Bij ons mensen spelen echter, door het afgescheiden leven, ook tegengestelde krachten een grote, het leven bedreigende en vernietigende rol zoals hoogmoed, hebzucht, jaloezie, haat en oorlog. De mensheid leeft wel, maar is aan levenskunst nog nauwelijks toe.

Als wij niet weten dat we een innerlijk leven hebben, kunnen we niet anders denken dan dat we zelf niets aan ons leven kunnen veranderen en dat ons leven door omstandigheden en het toeval geleid wordt. Dan is er van een geluksgevoel dat onafhankelijk is van onze levensomstandigheden geen sprake. Wat van buiten tot ons komt van wie of van waar dan ook, is voor ons nimmer levende waarheid. Het kan hoogstens dienen als ervaring van een vooruit geworpen schaduw van de waarheid. Als we het als leerstof in ons opnemen en gebruiken kan het ons behulpzaam zijn de levende waarheid in onszelf te helpen ontdekken en te openbaren.

Voor ieder van ons wordt gezorgd, dat we enkele keren in ons leven ervaringen krijgen, die iets van de sluier van het geheim doen oplichten, waardoor een gevoel van diepe innerlijke bewogenheid van onze eeuwige ziel tot ons kan doordringen. Door inspiratie van onze ziel of ons innerlijke wezen zijn we daartoe in staat.

Deze ervaringen kunnen voor ons een begin zijn van bewuste medewerking aan de evolutie van onszelf en de wereld waarin we leven.

Onbewust
schep ik zonder het te weten,
zoals ik ook adem.

Bewust
voel ik mij schepper,
mijn handeling beslaat mijn wezen,
mijn inspanning sterkt mij
en maakt mij gelukkig.

Onbewust
oordeel ik de tegenstellingen
en reageer daarop.

Bewust
ervaar ik de achterliggende eenheid
en stem daarmee samen.

4. HET GODDELIJKE, DE PRESENCE

Om het begrip god, het goddelijke, of de goddelijke tegenwoordigheid enzovoort in een woord samen te vatten, gebruiken we in dit boek het Engelse woord 'presence', dat wat aanwezig en tegenwoordig is. Onder de goddelijke tegenwoordigheid of presence verstaan we het goddelijke 'zijn', het alles
scheppende en bezielende leven, dat alvoorzienend, alwetend
en almachtig is.

Ieder levend organisme heeft de goddelijke aanwezigheid of
presence in zich, maar alleen in het 'nu-moment' kunnen wij
daar bewust van zijn. Onder het nu-moment wordt verstaan,
de beleving of bewuste ervaring van het eeuwige nu, in de
voorbijgaande tijd. Het nu-moment sluit het tijdelijke in,
maar het tijdelijke sluit de beleving van het eeuwige uit. Alle
hebben, krijgen, verlangen en begeren sluiten 'zijn' uit.
Daarentegen sluit 'zijn' alle tegenstellingen in.

De ziel die het innerlijke wezen van ons is, is oorspronkelijk
uit de presence ontstaan als individueel gevormde tegenwoordigheid. De presence blijft universeel, terwijl de ziel zijn indi-
vidualiteit en uniekheid behoudt. De presence leert, verlicht
en leidt ons of we er bewust van zijn of niet, en in welke gemoedstoestand we ons ook bevinden. Onze ziel, die met de
presence verbonden blijft, groeit en ontwikkelt zich tijdens
ieder verblijf van ons op aarde. We kunnen onze ziel bewust
worden, als het proces van erkenning en ontmanteling van
ons ego begonnen is.

Maar de ziel of ons innerlijke wezen wordt dan pas actief
werkzaam als we er in ons dagelijks leven metterdaad rekening mee gaan houden. Tot dan toe laat onze ziel ons vrij door
eigen ervaring te leren. Het bewustzijn van onze ziel kan op
den duur in ons dagelijks leven soms bijna tastbaar ervaren
worden. Op zo'n moment kan het gevoel een ziel te hebben
en het lichaam te zijn weleens overgaan in het gevoel de ziel
te zijn en het lichaam te hebben.

We zouden onszelf dan de vraag kunnen stellen: 'Wie ben ik?'

Bedenk dan het antwoord niet, maar probeer het antwoord te voelen.

Ben ik die weet, die denkt, die eet?

En is mijn ziel een ander?

Of is die weet, die denkt, die eet de ander?

En ben ik mijn ziel?

Hieronder volgen enkele vragen voor een innerlijk zelfonderzoek. Om een zo bewust en oprecht mogelijk antwoord te ontvangen, nemen we hiervoor voldoende tijd en worden we stil. Na enkele rustige diepe ademhalingen richten we onze aandacht naar binnen op ons hart.

Zelfonderzoek

* We kunnen allemaal wel van anderen weten dat we een ziel of innerlijk wezen hebben, maar voel ik dat ook zelf, of kan ik me er iets van voorstellen? Probeer het eens.
* Nu sluit ik mijn ogen en stel me voor dat mijn ziel door m'n ogen kijkt.
* Open langzaam de ogen en blijf nog even in dat gevoel.

You have only one power,
there is only one way.
To realise god,
that is loving his way.

You have only one duty,
you have only one right.
To realise god,
that is live in his light.

And not in the future,
and not in the past,
can you realise god,
it will never last.

There is only one moment,
there is only one day.
To realise god,
that is now and to-day.

5. HET TIJDELIJKE EN EEUWIGE LEVEN

Bij de mens begint het tijdelijke leven bij de geboorte als de ziel het lichaam van de baby is binnengegaan en de baby zelfstandig begint te ademen, waardoor de eeuwige levensstroom in het tijdelijke lichaam ontvangen wordt dat daardoor tot 'leven' komt. De ziel, het innerlijke leven van de mens, kan dan aan verdere vervolmaking gaan werken.

De verbinding van het eeuwige leven met het lichaam blijft bestaan tot het uitblazen van de laatste ademtocht, als de verbinding van de ziel met de zichtbare wereld verbroken wordt, wat de dood genoemd wordt, doordat de ziel zich weer uit het lichaam terugtrekt.

Wij leven in een lichaam zolang als we ademen, maar wat zet ons aan te ademen? De eeuwige levensstroom ofwel 'het leven' zet ons daartoe aan, vandaar het woord levensadem.

Alles, de hele schepping bestaat en wordt instandgehouden door 'het leven', terwijl de vormen waarin het leven ontvangen wordt, zoals ons lichaam, de bomen en planten, tijdelijk leven. De fysiek-materiële wereld is dus het ontvangende deel van de schepping dat tijdelijk leeft.

Op grond hiervan kan het duidelijk worden dat de onzichtbare werkelijkheid van 'het leven' zelf, een totaal andere wereld is dan de zichtbare wereld die het leven ontvangt. De eerste wordt de innerlijke, de tweede wordt de uiterlijke wereld genoemd. Alles wat leeft, leeft in twee werelden, innerlijk in een onzichtbare en ontastbare wereld en uiterlijk in een zichtbare en tastbare wereld. Het woord innerlijke wereld kan door andere woorden vervangen worden, maar ermee wordt bedoeld het eeuwige leven dat in ons is en dat ons lichaam doet 'leven'. Een uiterlijk leven, zonder dat er een levensbron daarbinnen is, bestaat niet.

Wanneer ons tijdelijke leven, ons lichaam, niet meer leeft omdat het niet meer ademt, gaat ons eeuwige leven innerlijk verder.

Een andere belangrijke functie van onze adem is, het beademen van een aspiratie. Het woord zegt het al, aspireren wil zeggen bewust met kracht uitademen en tevens sterk naar iets streven of verlangen. Dat versterkt ons bewustzijn en daardoor onze levensvreugde.

Dit kunnen we aanleren en in ons dagelijks leven toepassen, door ons verlangen te voelen en tegelijkertijd bewust te beademen. Hierdoor vullen we ons met levensenergie, en dat kan de deur naar verwerkelijking van onze diepste verlangens helpen opengaan.

Wij denken dat we er bewust van zijn dat we ademhalen, maar daarmee bedoelen wij dat we dat weten, meer niet. Wij voelen gewoonlijk niet dat we ademhalen.

Laten wij nu eens bewust de ademhaling weer beleven, door deze te volgen en te voelen hoe ons lichaam hiermee gevuld wordt en erdoor wordt gevoed. Wij kunnen ons dan bewust worden van het feit dat we praktisch altijd automatisch ademen, maar ook dat wij niet zelf ademen maar dat het ons gebeurt, alsof we worden aangezet vanuit een andere wereld.

EEN VOORBEELD:

* Zit ontspannen en volkomen stil.
* Volg met aandacht de inademing door de neus naar binnen.
* Adem langzaam diep in, waardoor de lichaamsenergie versterkt wordt.
* De adem drie tot vijf tellen vasthouden met aandacht bij de solar plexus, ter hoogte van de navel.
* Adem nu krachtig uit en volg de adem, met verbeeldingskracht, door de benen en voeten naar buiten.
* Vervolgens weer inademen door de neus; herhaal dit proces.

U of TIJD

Wie is heer en wie is knecht?
Uw antwoord deze vraag beslecht:
Maakt tijd u tot zijn speelgenoot,
of maakt u tijd tot bondgenoot?

Tijd om te denken
Tijd om te streven
Tijd om te lachen
Tijd om te leven
Tijd voor een ander
Tijd voor beraad
Tijd om te zwijgen
Tijd voor een daad
Tijd voor uw recht
Tijd voor uw plicht
Tijd voor een wandeling
Tijd voor een gedicht
Tijd om te strijden
Tijd om te winnen
Tijd om te rusten
En opnieuw te beginnen.

6. INNERLIJK LEVEN

Wij leven onbewust niet een maar twee levens tegelijk. Uiterlijk zichtbaar leven we in ons tijdelijke lichaam en tegelijkertijd leeft onze eeuwige ziel onzichtbaar in ons innerlijk. De bedoeling is dat deze twee levens samen bewust als 'één' geleefd gaan worden, waardoor onze ziel zich steeds meer kan ontwikkelen. Maar zo lang we van ons innerlijke leven onbewust blijven en we ons met ons tijdelijke leven en lichaam identificeren, kan er van samenwerking met en ontwikkeling van de ziel geen sprake zijn.

De huidige mensheid die het bestaan van de innerlijke wereld in het algemeen nog niet erkent, is dan ook geen eindproduct maar een overgangswezen. Een overgangswezen dat door middel van ons ego, ons schijnzelf, leeft en alleen bewust is van de uiterlijke materiële wereld.

Door middel van levenskunst kunnen we bewust worden van de innerlijke wereld. Levenskunst ontstaat, wanneer wij de leiding van ons innerlijke leven ook in ons dagelijks leven bewust laten doordringen. Dit zal zowel ons geluksgevoel als onze gezondheid beïnvloeden en ons meer in harmonie met onze medemens doen leven. Er zal meer zelfvertrouwen in ons groeien en bereidheid open te staan voor wat er in en tussen ons en onze omgeving gebeurt. Ons werk gaan we met meer plezier doen, eerst in het klein binnen ons gezin en de wereld om ons heen, later met meer belangstelling voor de overige wereld.

Maar helaas, ons uiterlijke leven dat een expressie zou kunnen zijn van ons innerlijke leven, lijkt vooralsnog geheel op zichzelf te staan. Ons ego schakelt door ontkenning alle contact met de innerlijke wereld uit, waardoor er geen bewustzijn van innerlijk leven is. We kunnen zeggen dat ons ego onze innerlijke zon totaal overschaduwt.

Het uiterlijke leven waarmee wij ons identificeren, gebruikt alle dingen van de wereld om zich groot, machtig en rijk te maken veelal zelfs ten koste van anderen. Egoïsme, en hebzucht zijn onze belangrijkste middelen om dat te bereiken. Zitten wij er als mens dus, tot nu toe, eigenlijk niet helemaal naast? Zijn wij onecht, 'het leven' nabootsend?

Als je aan mensen vraagt: 'Weet je dat er innerlijk leven in ons is?', dan kijken ze je eerst verbaasd aan, sommigen moeten eerst diep nadenken en raken vertwijfeld, anderen antwoorden direct 'ja natuurlijk weet ik dat'.

Ja weten, maar voelen dat we innerlijk leven is er niet bij. Wij zouden onszelf nu enkele vragen kunnen stellen. Hiervoor is het raadzaam dat we onze aandacht naar binnen richten. Dit kan door middel van onze aandacht op ons hart te concentreren en vanuit de stilte van ons wezen het antwoord te laten opkomen. Neem hiervoor ruim de tijd.

ZELFONDERZOEK

* Voel ik dat ik innerlijk leef of weet ik het alleen maar?
* Altijd? Of nu even?
* En als ik dat voel, waarin uit zich dat gevoel dan?
* Waaraan ontleen ik dagelijks mijn werkelijkheid, mijn gevoel van bestaan?
* Aan de uiterlijke wereld alleen?

DE BRON VAN VERGEEFSE MOEITE EN VERDRIET

De bron van vergeefse moeite en verdriet
ligt verscholen in het verlangen
om in de ons omringende wereld
de hemel en de dingen des hemels
te ontmoeten, te begroeten, te proeven.

Maar wie daar zoekt, zal in plaats daarvan
ontgoocheling, teleurstelling en onbegrip ontmoeten.
En wie denkt daar gevonden te hebben
heeft in tijd en in ruimte gevonden.

Maar zonder aandoening
van tot leven gebrachte eeuwige dingen,
zijn tijd en ruimte volgnummers van de dood.

Met die aandoening worden tijd en ruimte een beker,
om daaruit als voorproefje
iets van het goddelijke levensspel te proeven
en daarin onze eigen levensrol te erkennen.

7. DE MENS
EEN OVERGANGSWEZEN

De vraag die de nadenkende mens misschien weleens bezighoudt luidt: Zou uit de staat van de huidige mensheid, ooit de
echte mens kunnen voortkomen? Zou het menselijke wel behouden kunnen blijven? Zaratushtra vroeg zich ca. 2600 jaar
geleden af, hoe de mens overwonnen kon worden. Volgens
hem was de mens een brug naar een hoger wezen.

Ja, de mens is inderdaad geen eindproduct, mens-zijn is niet
onze laatste stap, is geen doel in zichzelf. Als mens zijn wij een
overgangswezen dat niet meer geleid en beheerst wordt door
het instinct, zoals het dier, maar wel geregeerd wordt door het
ego, dat met het leven van de innerlijke mens geen rekening
houdt. Nog steeds aanbidden wij de wetenschap, hoewel aan
de almacht en de alwetendheid ervan al wordt getwijfeld. Wij
zoeken hogere vermogens dan het denkvermogen, maar hoe
en wanneer zullen we die verkrijgen?

We leven in een tijd waarin we de afgrond dichterbij voelen
komen en de onzekerheid toeneemt, maar aan de andere kant
begint ook een nieuw leven in zicht te komen, dat niet door
het ego maar door bewustzijnsverandering geleid wordt. Gaan
wij met ons leven die kant al op?

De huidige mens gebruikt het denken voornamelijk nog om
kennis te verzamelen en als vormgevend instrument in de materiële wereld. Ook gebruiken we ons denken als het gaat over
verleden en toekomst, maar het is geen levende werkelijkheid
in zichzelf.

Bewust van iets zijn daarentegen is een bezield weten, dat in
ons wezen ontspringt en de innerlijke en uiterlijke wereld in
het 'nu' met elkaar verbindt. De innerlijke en uiterlijke wereld zijn onderscheiden één, maar worden door ons niet of
nauwelijks als zodanig ervaren.

Door levenskunst te beoefenen, ontwikkelen we andere vermogens in ons bewustzijn, terwijl aan het afgescheiden ego-
bewustzijn van de uiterlijke wereld, als stond dat op zichzelf,
een einde kan komen. Zelfrealisatie gaat zich voltrekken, het

proces van eenwording van de uiterlijke en de innerlijke mens kan beginnen.

We weten of hebben kunnen lezen, dat zich op de achtergrond van of binnen ons ego-bewustzijn, de innerlijke wereld bevindt.

Uitgaande van de twee dimensies, de eeuwige en de tijdelijke, staan wij als mens op het raakpunt waar het eeuwige zich met het tijdelijke bekleedt. Maar wij zien en beleven vanuit ons ego-bewustzijn alleen de bekleding en onttrekken ons daardoor aan bewuste ontvangst van de leiding van 'het leven', van de liefdestroom en het innerlijke licht.

Als wij daarentegen onszelf voelen als een brug die in verbinding staat met de innerlijke wereld, dan versterken wij daardoor op het raakpunt tussen ons innerlijke en uiterlijke leven het bewustzijn van ons innerlijke wezen. Door de vereniging van deze twee dimensies kunnen we meewerken aan de neerdaling van een hogere staat van bewustzijn in de mens.

Om de belevenis, dat iets van een hoger bewustzijn ons uiterlijke leven aanraakt en bezielt, bewust te ervaren, dienen we ons open te stellen en tot innerlijk zwijgen te komen. Het is raadzaam elke dag ruimte te maken in onze dagindeling voor een moment van diepe stilte, meditatie of wat men bidden zou kunnen noemen. Gewoonlijk is bidden met gesloten ogen, iets 'omhoog' vragen of zeggen, maar dat bidden is het niet. Met bidden wordt hier bedoeld naar binnen luisteren, om totaal stil te worden tot we de stem van ons diepste wezen horen en haar geheimen aan ons onthuld worden.

Laten we ons realiseren, dat we leven, dat we bestaan, omdat we op het verbindende raakpunt staan tussen de innerlijke en uiterlijke wereld, hoewel we ons daar niet bewust van zijn. Want stonden we niet op het raakpunt, dan bestonden we niet in de tijd. Wij zijn in het levende nu-moment eeuwig en tijdelijk tegelijk. Ons eeuwige leven blijft, ons tijdelijke leven eindigt.

Zo gaat de zich oneindig vervolmakende schepping voort, waar wij deel van uitmaken en waar we met het eenheidsbewustzijn van ons innerlijke wezen aan kunnen meewerken.

Zijn we wel eens bewust in het 'nu'? Zijn we wel eens bewust in dat tijdsmoment waarbinnen het eeuwige voelbaar is?

Bij alle beleving zijn we in de tijd van de klok die voorbij gaat, maar zonder bewust in dat nu-moment te zijn geweest. Terwijl het goddelijke dat eeuwig is in het nu-moment, altijd bij ons tegenwoordig is met levenskracht, liefde en wijsheid.

Het eeuwige is altijd 'nu'.

Zullen we even stil zijn om de goddelijke tegenwoordigheid in dit nu-moment bewust te ervaren?

Voor ons als overgangswezen is dit totale stil worden van het hoogste belang, willen we niet langer alleen van de ons omringende wereld buiten ons afhankelijk blijven, onbewust van onze innerlijke levensbron. Ons lichaam is onze aarde waarin wij leven, met daarbinnen onze hemel of innerlijke levensbron die, naarmate we er bewust van zijn, ons geluksgevoel voedt.

Wij kunnen van de innerlijke en uiterlijke wereld, los van elkaar, bewust zijn, maar deze werelden kunnen elkaar in ons dan niet beïnvloeden. Wij veranderen daar niet door. Willen we veranderen, willen we ons dagelijks leven in harmonie brengen met onze innerlijke levensbron, dan is het belangrijk dat we het raakpunt, waar beide werelden elkaar in ons ontmoeten, gaan ontdekken en beleven.

Er is een raakpunt, anders leefde ons lichaam niet, evenmin als de aarde zonder de zon tot leven zou zijn gekomen. Het raakpunt is het punt van overgang, waar de invloed van de hemel de aarde raakt en tot leven brengt.

Zal het nu nog onzichtbare eeuwige stralende 'zijn', zelf op aarde tot bestaan komen en de orde herstellen?

HET NU-MOMENT

Kom hier, en blijf hier,
wees op dit moment.
In het nu-moment.
Er is geen ander moment dan dit.

Stap uit je verleden,
en trek je terug uit de toekomst.
Vind je zelf nu en hier,
en blijf dan hier, in dit moment.

Doe niets,
verander niets,
aanvaard je toestand,
aanvaard alles.
En kijk, en zie
je zelf in dit moment,
dat ben jij.

En blijf hierin,
want je levensgeluk
ligt in het nu-moment
en nergens anders.

8. DE KOERS VAN ONS LEVENSDOEL

Wanneer alles in ons dagelijks leven schijnbaar goed verloopt, komt het niet in ons op de koers die we gaan te wijzigen en de weg te volgen die ons innerlijke levensdoel aangeeft. De gunstige ogenblikken daarvoor zijn dan ook meestal die waarop we ons niet gelukkig voelen, of als we het moeilijk hebben, als we stuurloos zijn, ontevreden zijn en voelen dat het zo niet langer gaat. Maar vooral is het moment gunstig als we de leegheid inzien van ons huidige leven. We zijn dan bereid om de koers die we gaan te wijzigen en de weg te volgen die ons innerlijke levensdoel aangeeft.

Wees daarom zo bewust mogelijk van de huidige omstandigheden en uitgangspunten, en schrijf de feiten eventueel op in volgorde van belangrijkheid. Constateer en accepteer de onherroepelijkheid van deze feiten. Maar wees daar heel oprecht in, voel en ervaar de autoriteit die van oprechtheid uitgaat. Waarom?

Omdat het ware bewustzijn onverdeelde aandacht inhoudt. Dat is aandacht zonder van vaste standpunten uit te gaan. Het eist moed en vertrouwen de uitgangspunten los te laten, die de feiten allemaal verdraaien of gekleurd zien. Kijk naar de situatie met vertrouwen, want de voorzienigheid voorziet dat voor ieder mens altijd het beste gebeurt wat kan gebeuren. Vertrouwen is als een innerlijk zintuig, waarop we kunnen leren afstemmen en waarmee we de lessen, die verborgen zijn in wat er gebeurt, kunnen ontdekken. Daardoor openen we ons tevens voor het bewustzijn van ons innerlijke levensdoel. Ons innerlijke levensdoel, dat we eerst moeten ontdekken is de expressie van onze ziel. De vorm en de uniekheid ervan, moeten we waarmaken in ons dagelijks leven. Naarmate het levensdoel zich aan ons openbaart, kunnen we het ons levendiger voorstellen. Dat is noodzakelijk, want het is onmogelijk gelukkig te zijn met ons leven als we niet een duidelijk doel hebben waarom of waarvoor we leven, en waarheen we op weg zijn.

Laten we daarom ons levensdoel diep beseffen en dit telkens herhalen en steeds duidelijker bewust zijn. Ons levensdoel geeft ons het richtingsgevoel 'op weg te zijn'. Dat richtingsgevoel beheerst onze keuzen en verslaat onze twijfels, zodat wij daardoor koers blijven houden en we niet in te grote afleidingen verdwalen. Vertrouw dat ons levensdoel zich, ondanks of misschien juist dankzij de feitelijke omstandigheden, voltrekt en aspireer daar naar.

Met aspireren wordt bedoeld met innerlijke rust en vertrouwen onze aandacht naarbinnen richten, vanuit een verlangen geleid te worden. Het levensdoel daarna beademen wil zeggen, dat met de uitademing als voertuig levensenergie aan de aspiratie gegeven wordt.

Hierna volgt een zelfonderzoek dat ons kan helpen de koers te vinden en de weg te wijzen.

ZELFONDERZOEK

* Kennen we ons levensdoel en voltrekt het zich?
* Beleven we ons levensdoel?
* Stellen we ons open voor de leiding ervan?
* We beademen het levensdoel door middel van enkele krachtige uitademingen, waardoor we het levenskracht geven.
* Doe dit gedurende 21 dagen.

Onze ziel komt uit de hemel,
ons lichaam komt uit de aarde.
Onze geest is het product
van hun ontmoeting in ons.
Wat maken wij van die ontmoeting?

9. BEWUST-ZIJN

Er bestaan vele vormen van bewustzijn. Onder andere wordt met bewustzijn dat bedoeld, waardoor de mens zich van het dier onderscheidt. Het woord wordt ook gebruikt in plaats van het woord 'weten'; ik weet of ben er bewust van, hetgeen bewustzijn hebben is. Bij levenskunst zoals het woord hier gebruikt wordt, gaat het erom innerlijk bewust te zijn door zelfrealisatie en niet om bewustzijn te hebben. Het verschil tussen deze twee vormen van bewustzijn wordt in de hierna volgende tekst omschreven als bewust-zijn en bewustzijn. Van het menselijk leven, dat in wezen een oneindig groeiproces is, zijn drie stadia van bewustzijn min of meer bekend.

Ten eerste is er het stadium van het bewustzijn van alleen het uiterlijke zichtbare leven van de mens, dat is zolang er nog geen bewust-zijn is van het bestaan van het innerlijke leven. Zelfs de godsdiensten erkennen gemeenschappelijk het bestaan van het innerlijke leven niet, waardoor de eenheid ontbreekt, hetgeen de bron is van vele godsdienstoorlogen, in plaats van vrede op aarde. Hier wordt onderscheid gemaakt tussen het begrip godsdienst, dat veelal verering van een persoonlijk goddelijk wezen inhoudt, en het begrip religie, dat innerlijke gevoelens en wijsheid ten aanzien van het bovenzinnelijke van de mens samenvat.

De weg van levenskunst in dit stadium is, dat ieder op zichzelf doende is van het bestaan van het innerlijke leven bewust te worden.

Ten tweede is er het overgangsstadium, dat begint als we uit eigen ervaring tot bewustwording van het bestaan van een innerlijk leven komen. In het begin lijkt die innerlijke wereld los te staan van de uiterlijke wereld. Want de innerlijke ikbron, die onze ziel is en van zelfrealisatie uitgaat, verandert op het overgangspunt van innerlijk naar uiterlijk in de afgescheiden ik-bron van ons ego, dat van 'hebben' uitgaat. Het overgangspunt waar de omkering of verandering van ik-bron plaatsvindt, noemen we 'het keerpunt'.

Maar als we gaan inzien en ervaren dat de innerlijke wereld binnen de uiterlijke wereld ligt en er dus één mee is, ontdekken we dat we op de overgang dezelfde ik-bron behouden. Dan zijn we bewust geworden van ons innerlijke wezen.

In het derde stadium wordt onder bewust-zijn verstaan, bewust leven vanuit eenheidsbewustzijn. Onze twee levens worden dan als één ervaren. In het derde stadium gaan we, door het volgen van de weg van levenskunst, ons innerlijke wezen dienen. Hierdoor verzwakken we het keerpunt en doen het teniet. Maar zolang het keerpunt er is omdat de twee levens nog als tegengesteld gevoeld worden, bevinden we ons nog in het tweede stadium.

Het goddelijke of volmaakte bewust-zijn dat eeuwig 'is', is de geestelijke oneindige staat van 'zijn' op grond waarvan de schepping is. Leven is de volmaakte uitdrukkingsvorm van dat bewust-zijn. Dat eeuwigheidsbewustzijn gaat niet uit van het verleden noch van standpunten, maar van het heden, het nu-moment.

In het tweede stadium suggereerde identificatie met onze ego-gevoelens, ons op het keerpunt een andere ik-bron. Die suggestie geldt ook als het om identificatie met wisselende gevoelens en dus wisselende ik-bronnen gaat, en daarom hebben wij in de uiterlijke wereld zoveel ikken als we gevoelens hebben, zowel samengaande, tegengestelde, positieve als negatieve ikken.

Tussen de gevoelens en gedachten van die ego-ikken ontstaan gemakkelijk spanningen en conflicten en dat gebeurt zowel tussen de ikken van ieder mens apart, als tussen de ikken van verschillende mensen, groepen of landen onderling.

De innerlijk afgestemde mensen hebben geen conflicten met elkaar, omdat ze allemaal dezelfde oorsprong van ik-bron hebben die van zelfrealisatie uitgaat, zij het in de wereld onder verschillende namen. De weg van levenskunst gaat door middel van naastenliefde en dienend-doen in de uiterlijke wereld, waaronder een doen wordt verstaan waarbij het niet in de eerste plaats om het resultaat voor onszelf gaat, maar mede om een doen met innerlijke betrokkenheid op anderen.

Ons zelfbewustzijn is alleen in het nu-moment te beleven. Het is geen standpunt, maar een warm levend gevoel van

'zelf' zijn, wat maakt dat we ons gelukkig voelen, onafhankelijk van de omstandigheden.

De rechterhersenhelft van de mens is een eindstation van het
innerlijke bewust-zijn, waardoor wij in staat zijn iets van dit
levende bewust-zijn te ontvangen en eraan deel te nemen en
wel naarmate wij daar ontvankelijk voor zijn, doordat wij niet
meer afhankelijk zijn van tegenstrijdige invloeden en gekomen zijn tot innerlijk zwijgen.

In het hierna volgende wordt een poging gedaan een beeld te
geven van ontvangst van dit levende bewust-zijn. Het is een
beleving van een sfeerrijke staat van 'zijn' welke moeilijk in
woorden te vatten is.

Het kan gebeuren, dat geheel onverwacht op een keer waar
we ook zijn, plotseling de tijd stilstaat en we een flits van dat
bewust-zijn gewaar worden. We zien onszelf, waar we zijn, wat
we doen en de omstandigheden, met heel andere ogen en in
een heel ander licht. We gaan als het ware een ander niveau
van leven binnen en beleven een levende innerlijke stilte
waarin we de presence tegenwoordig voelen.

Langzaam voelen we dat we in bezit genomen worden door
een zacht ritmische beweging, die uit ons binnenste opwelt en
ons doordringt en omringt met een sfeer van oneindigheid.
Als we onze ogen openen hebben we het gevoel, dat die sfeer
om ons heen straalt en we voelen liefde voor alles wat leeft.

In de levende sfeer van dat bewust-zijn heeft onze waarneming blanke aandacht en kunnen we zowel de vormenwereld
zien als het wezen dat erbinnen ligt. Die aandacht gaat samen
met het gevoel van tegenwoordigheid van geest dat we leven.
Alles verliest even de waarde die we er normaal aan geven.
We ondergaan een geheel ander waardenbesef, en zien met
andere ogen waar we met ons leven aan bezig zijn, wat we zouden moeten nalaten en wat we zouden moeten of kunnen
doen.

In die flits kunnen we van onze ware levensweg bewust worden. Op zo'n moment kan het zijn, alsof de tuin en de bomen
of de straat en de huizen waar we zijn, als het ware boven de
grond zweven, veel wijder worden en licht doorlaten, alsof ze
opgeheven worden. En dan is het weg, en staat alles stil. Een
golf van levensvreugde, liefde en energie doorstraalt ons, we

huilen en lachen van ongekend geluksgevoel. Dat geluksgevoel kan dan nog even korter of langer bij ons zijn.

Zo een staat van bewust-zijn overkomt ons, we kunnen ons er zelf niet bewust van maken. Bewust ervan worden kunnen we onder andere bevorderen door onszelf blank waar te nemen, dat wil zeggen stil en zonder oordeel of kritiek naar onszelf te kijken.

Soortgelijke ervaringen kunnen zich vaker gaan voordoen, en die maken zo'n indruk op ons, dat we het niet kunnen laten de koers te gaan volgen die ons op zo'n tijdloos moment getoond wordt. Daardoor gaan we bewuster leven dan tevoren en zal het innerlijke licht dat uitgaat van zelfbewustzijn, ons spontaner overkomen waardoor we gemakkelijker van ons ego bewust worden. De verandering van ons waardeoordeel zal dan onze levensomstandigheden gaan beïnvloeden.

We hebben meer onverdeelde aandacht en zijn in het hier-en-nu. Het ego dat zijn bestaansrecht aan het niet-nu en aan onbewustzijn ontleent, gaat direct van het verleden over naar de toekomst en omgekeerd zonder het tussenliggende nu-moment te beleven. Ons ego is van de tijd alleen.

DE BEWUSTZIJNSLADDER

Om de weg van innerlijk bewust worden te verduidelijken stellen we ons een ladder voor waarlangs hogere fasen van bewust-zijn in ons innerlijk bewustzijn kunnen neerdalen, waardoor wij van onwetendheid en onbewustzijn tot weten en bewust-zijn kunnen komen. Bij iedere verder neerdalende fase of trede van bewust-zijn gaan we beter onderscheiden, zien we onszelf en onze omstandigheden anders en wordt de horizon van ons gezichtsveld wijder.

Op de onderste trede van de ladder van bewust-zijn zal de schaduw van het lijden van de wereld, ons gehele levensvlak dat door de horizon van ons gezichtsveld wordt begrensd, nog kunnen verduisteren.

Maar bij blijvende afstemming en vertrouwen op de begeleiding van ons innerlijk wezen, doorbreken we die begrenzing. We gaan door onze pijn of onwetendheid heen. Ons innerlijk wezen is dan in ons bewustzijn ontwaakt.

Bij neerdaling van iedere hogere fase van bewustzijn komt de horizon van ons gezichtsveld aanzienlijk verder te liggen, waardoor er een steeds groter levensvlak vanuit innerlijk licht verlicht wordt. De horizon wordt wijder naarmate ons dagelijks bewustzijn zich ontvankelijker maakt en zich opent, waardoor het hogere bewust-zijn in ons kan neerdalen wanneer wij daar rijp voor zijn.

Als het licht van binnenuit het grootste deel van ons dagelijks leven gaat uitmaken, heeft ons bewust-zijn de grens van het aardse lijden overschreden en kunnen wij ons vanuit ons innerlijk wezen blijvend gelukkig gaan voelen. De aardse schaduwen kunnen voor ons het innerlijke licht dan niet meer doven. Dan is er al een belangrijk deel van levenskunst bereikt.

Iedere trede is een geweldige gebeurtenis voor ons, zodat we bij de eerste neerdaling al denken dat we het doel bereikt hebben. Bovendien kunnen en willen we, als de eerste trede eenmaal beleefd en geproefd is, niet meer terug. We voelen ons even op- of uitgeheven in een leefgebied van waaruit we plotseling al onze moeilijkheden zien als op een afstand en verkleind,of we ontdekken andere mogelijkheden waardoor we ze aankunnen. Ook onze dromen kunnen op zo'n moment een rol gaan spelen.

Hier volgt een beschrijving van een bewustwording die de volle aandacht verdient, want het is een kostbare reddingsgordel voor de 'ik' waarop ons levensgeluk kan worden opgebouwd.

Als we nog alleen de uiterlijke wereld kennen, maar we door middel van levenskunst onze moeilijkheden als het ware door een andere bril leren zien, ervaren we dat als gaan we van een andere werkelijkheid uit. Door de moeilijkheden zonder oordeel bewust blank waar te nemen is onze waarneming anders geworden, we kijken met meer ruimte om onze moeilijkheden heen en zijn daardoor objectiever. Hierdoor komen we tot de ontdekking dat voorheen ons ego de keuze maakte. We zijn het met die keuze niet eens omdat op het overgangspunt, ofwel het keerpunt, het ego de leiding overnam van ons innerlijke wezen.

Door dit te begrijpen en zoveel mogelijk bewust te zijn, zal dat keerpunt vervagen en de ego-bron wegvallen, waardoor vele conflicten tussen ons denken, voelen en handelen niet meer zullen ontstaan. Dan is voor ons de weg naar bewustwording daadwerkelijk aangebroken. Het werk in de wereld gaat dan steeds vergezeld van werken aan onszelf en omgekeerd.

Bovendien hebben we, om de weg van bewustwording te gaan, altijd alleen te maken met wat we nu zijn; laten we dat inzien en accepteren. Om bewust te worden moeten we ons op dit nu-moment afstemmen, niet op de toekomst en niet op de hemel boven ons en we moeten het verleden loslaten.

In het nu-moment is de hemel, is onze innerlijke wereld één met de uiterlijke wereld. Alleen 'nu' kunnen we dat bewust ervaren, 'nu' gaat nooit voorbij, noch ons verleden noch onze toekomst heeft daar enige macht over. Levenskunst betreft ons leven in de uiterlijke wereld en begint zijn werkzaamheid op het keerpunt omdat het ego de besturing van ons leven daar heeft overgenomen.

Als wij door toegepaste levenskunst ons leven gaan zien als een kunstwerk waar ons innerlijke wezen aan meewerkt en waardoor de tegenstelling bij de overgang van de innerlijke naar de uiterlijke wereld wordt opgeheven, verdwijnt het keerpunt, want ons innerlijke wezen blijft dan de bron van waaruit we leven tot en met de daad in de uiterlijke wereld.

Daardoor bestuurt ons innerlijke wezen dan als medewerker van de presence ons gehele leven.

DE BEKER

Het licht schijnt in de duisternis,
maar duisternis heeft geen ontvanger voor licht,
en weet dus niet, dat er licht is.
Omdat licht pas verschijnt
als het ontvangen wordt en terugkaatst,
hetgeen de maan doet in een donkere nacht.

Het leven is, oneindig en overal,
maar het vult de mens pas met leven
als het in ons dagelijks doen
ontvangen wordt en doorgegeven.

De liefde is het leven van de mens.
Maar waar het leven
niet door de daad heen kan stromen,
daar heeft de liefde geen plaats om in te wonen.

Het oog ziet.
Het gesloten oog kan niet zien,
evenmin als het gesloten oor kan horen.
Wordt ons oog geopend voor het licht,
dan wordt ons kijken daardoor verlicht,
en als wij ons 'doen' openen voor het leven,
stroomt het leven door ons heen naar buiten,
en stralen wij de liefde uit.

Dan wordt de beker volgeschonken
en zal de mens
met volle teugen drinken.

10. DE TUNNEL

Allen die auto rijden en de radio aanzetten, hebben, in ieder geval vroeger, herhaaldelijk ervaren dat wanneer ze bijvoorbeeld naar het nieuws of muziek luisteren en een tunnel inrijden de radio plotseling ophoudt. Rijden ze verder, dan zal aan het einde van de tunnel de radio weer gaan spelen.

Laten we ons nu voorstellen, dat we dat nog nooit ervaren hebben, en we nu voor het eerst een tunnel inrijden. Midden in de tunnel ontdekken we dat de radio niet meer werkt. We stoppen om de antenne van de radio na te kijken en we roepen er ook nog een deskundige bij. Deze haalt vervolgens de radio uit elkaar en onderzoekt verder om te kijken of er draadjes of zoiets versleten zijn, maar zelfs een deskundige kan deze radio niet maken.

Dan komt er iemand langs die zegt:' Je hoeft alleen maar de tunnel uit te rijden, want je radio is waarschijnlijk helemaal niet kapot. De radio is heel maar je zit in de tunnel, in een materiedruk die geen licht- en radiogolven toelaat en dus stopt de radio met spelen'. We stappen in de auto en rijden ongelovig verder, de tunnel uit. En als we de tunnel uitrijden begint plotseling de radio weer te spelen.

Dit is vergelijkbaar met wat ons als mens gebeurt, als wij in ons leven psychisch in een 'vernauwing' van bewustzijn komen. We voelen ons op dat moment afgesloten van de omringende wereld, we voelen ons niet meer vrij, we zijn als het ware in een bewustzijnsvernauwing, een tunnel, terechtgekomen.

Een depressie is als een psychische tunnel, waarin we ons afgescheiden voelen van de levensbron en de straling daarvan. Dit verschijnsel doet zich ook voor als we overspannen zijn of als we in een bepaalde situatie terechtkomen waarin we geen oplossing meer zien. Het gevolg is dat onze zintuigen niet meer helder kunnen opnemen, waardoor de verwarring groter wordt.

Als wij in zo'n depressie gevangen zijn geraakt, en in die be-

wustzijnsvernauwing langer blijven zitten, krijgen we hoofd-
pijn, buikpijn, rugpijn, meestal geeft één van onze fysiek
zwakke punten als eerste signalen. Maandenlang kunnen wij
in zo'n 'tunnelbewustzijn' zitten en onze levenskrachten worden steeds zwakker. Deskundigen, doktoren, kunnen ons niet
meer helpen, net zo min als de radio gerepareerd kan worden,
zolang wij in de tunnel van vernauwd bewustzijn blijven zitten.

En dan gebeurt ons iets onverwachts of er komt iemand, die
licht werpt op de oorzaak waardoor we in dat tunnelbewustzijn terecht zijn gekomen. Het kan ons innerlijke wezen zijn
dat ons tot inzicht laat komen, maar ook een persoon die 'toevallig' op onze levensweg komt.

Die onverwachte gebeurtenis of die persoon staat, als het ware, aan het eind van de donkere tunnel waar het licht is en
geeft ons een hand en loodst ons de tunnel uit, zodat wij ons
van binnenuit weer bevrijd voelen. We kunnen opnieuw fris-
se lucht inademen en de vreugde van het leven weer door ons
heen voelen stromen. We ondergaan op zo'n moment een totale bewustzijnsverandering, en voelen ons daardoor beter. De
gevolgen van zo'n tunnelbewustzijn kunnen op het fysieke niveau nog tijd nodig hebben om te herstellen, maar de bewustzijnsvernauwing die de oorzaak van onze ziekte was, is
verdwenen.

Een ander klein voorbeeld hiervan is het volgende: Laten we
ons voorstellen dat ergens in ons huis een kraan lekt en het
water stroomt over de grond, de gang in en verder van de trap-
pen naar beneden. Mensen om ons heen willen helpen het
water op te dweilen. Maar aangezien de kraan stuk is blijft het
water stromen. We moeten eerst de oorzaak verhelpen en de
kraan repareren, daarna kan de vloer gedroogd worden.

Belangrijk is dat we er altijd eerst voor zorgen dat we ons geestelijk evenwicht terugvinden, door de oorzaak van de versto-
ring op te zoeken en aan te pakken. Vanuit dit herstel komen
dan de rust en balans terug, zowel in onszelf als met de wereld
om ons heen. Pas nadat we van onszelf accepteren, dat we uit
ons evenwicht geraakt waren, en dat we in een bewustzijnsvernauwing zaten, heeft het nut te gaan werken aan de verzorging van hetgeen gedaan moet worden voor verder herstel.

OVERGAVE AAN HET LEVEN

Al wat de mens wil, denkt en doet,
al was de ganse wereld tegen,
is altijd feilloos rein en goed,
bij overgave aan 'het leven'.

Zolang de kamers van ons hart,
van buitenaf gesloten blijven,
leidt elke goede daad tot smart,
is alles slechts een tijd verdrijven.

Maar als door stille overgave,
en dienend luisteren naar 'het woord',
de deur en ramen opengaan,
dan wordt de wil door ons verhoord.

Dan stroomt de liefdewarmte binnen,
Het wijsheidlicht verlicht de zinnen.
De lenteweelde brengt ons groei,
En brengt ons zonne-ik tot bloei.

11. BEWUSTZIJN EN PIJN

Het bestaan van pijn en de angst ervoor, helpt ons verant-woordelijk te blijven voor onze daden, want het houdt ons be-wustzijn wakker voor de gevolgen ervan en dwingt ons voor-uit te zien. Als zodanig speelt pijn een positieve rol in het be-wustwordingsproces van ons innerlijke wezen.

Het onderwerp pijn is heel uitgebreid, maar wordt hier alleen kort behandeld in verband met ons bewustzijn.

Pijn als zodanig is misschien het laatste redmiddel dat voor-komen kan dat de mens ten onder gaat. Pijn is een onmisbaar middel om ons bewust te maken van de gevolgen van ons doen en laten. Want het bestaan van pijn stelt in vele geval-len een grens aan de overgave aan onze onbeteugelde wensen en verlangens en aan onze hebzucht, verlangen naar macht en alle andere egoïstische gedragingen.

Onder pijn moeten we niet alleen fysieke pijn verstaan, maar ook andere vormen, zoals emotionele pijn, psychische pijn, schuldgevoelens en de angst voor pijn, angst voor liefde, voor verlies van vriendschap, angst voor straf, angst voor de dood, angst voor alles wat pijn kan doen.

Het bestaan van pijn in welke vorm dan ook, zorgt ervoor dat wij er goed over nadenken wat we doen en wat de gevolgen ervan kunnen zijn. De gedachte alleen al dat we anderen pijn kunnen aandoen kan bovendien een reden zijn ons niet aan egoïsme over te geven.

Daarnaast is er het appèl dat op ons gedaan wordt wanneer een van onze gezinsleden, familie of vrienden en soms ook vreemden, pijn hebben waardoor ons gevoel van zorg en naas-tenliefde geactiveerd wordt. Er zijn veel kinderen en mensen met een tekort aan verzorging en aan liefde. Ook dat is een pijn, die zich dikwijls laat vertalen in een vorm van ziekte of moeilijk gedrag.

Als daarnaast het krijgen van een straf geen pijn meer zou doen, zou de wereld aan het negatieve, aan criminaliteit, overgeleverd kunnen worden.

Vervolgens is er het onmiskenbare nut van pijn op het vlak van de gezondheidszorg, de waarschuwende pijn, de pijn die de weg wijst naar de oorzaak of de bron van de ziekte. Zo ook kan de pijn een wegwijzer zijn om de oorzaak van een innerlijk conflict te vinden. Bijvoorbeeld als ons ego ons leven te sterk bestuurt, in plaats van ons innerlijke wezen.

Bovendien kan de pijn op vele vlakken een natuurlijke ingebouwde wegwijzer zijn, om ons te leren tot een nieuwe levenswijze te komen, een levenswijze waarin veel onnodige pijn voorkomen kan worden, voor onszelf en voor onze medemens.

Het nut van pijn is tevens, dat we bereid zijn, soms tegen onze zin in, iets na te laten of ermee te stoppen, omdat we ervaren hebben dat ermee doorgaan pijn veroorzaakt. Op deze wijze werkt pijn als een stoplicht voor ons.

Er zijn nog veel andere vormen van pijn, maar wat deze ons zeggen is afhankelijk van ons bewust-zijn en hoe we in het leven staan. Pijn is tot nu toe een onmisbaar signaal voor ons als mens om te leren luisteren naar onszelf en de medemens.

In dat geval kan van werken aan de ontplooiing van ons innerlijke wezen een genezende pijnstillende werking uitgaan, maar dat vraagt om bewuste ontvankelijkheid in ons dagelijks doen en laten, voor de tegenwoordigheid en invloed van de presence.

DE ZOEKER EN DE VINDER

Zolang de zoeker zoekt,
blijft de vinder zoek.
De zoeker vindt niet,
de vinder zoekt niet.

De zoeker zoekt
om 'zijn' te hebben.
De vinder vindt
om zijn te 'zijn'.

Bovendien zou vinden,
een eind maken aan de zoeker.
Hij wil dus niet vinden,
zolang hij zoekt.

En als hij niet meer zoekt,
is hij geen zoeker meer
en dan vindt hij.

Zo vergaat het ook met geluk.
De onwetende mens zoekt geluk in het hebben.
De wijze vindt het geluk in het 'zijn'.

12. INVOLUTIE / EVOLUTIE

Het woord 'involutie' is afkomstig uit het Latijn en hangt tevens samen met het Engelse woord, to involve. Involueren betekent; iets voornemen, iets voorzien of besluiten, inleggen, inwikkelen, opwinden bijvoorbeeld van een wekker.

Evolueren betekent het geïnvolueerde tot uitvoer brengen, openbaar maken, ontvouwen, ontwikkelen, waarmaken, of het aflopen van de wekker.

Tenzij wij daarop gewezen worden, merken we niet op dat we geen enkele beweging, stap of handeling kunnen doen zonder het ons vooraf te hebben voorgenomen ofwel te hebben geïnvolueerd. We menen alles, meestal zonder nadenken, vanzelf te doen. Maar alleen door een eerder genomen besluit komen we tot een daad en wordt ons de energie gegeven, die nodig is voor de uitvoering ervan.

Bij iedere handeling, of bij ieder woord dat we spreken is hetgeen we zeggen ongemerkt het gevolg van een eerder genomen besluit, dat doorgaans op de achtergrond van ons denken of gevoel blijft.

Naarmate wij tijdens onze waarnemingen gaan inzien dat het involutie is, die evolutie ervan veroorzaakt als oorzaak en gevolg, kunnen we meer en meer ons gemoedsleven gaan beïnvloeden.

Het bovenstaande geldt in het bijzonder voor ons dagelijkse leven, dat praktisch uitsluitend onder de leiding van ons ego staat, zolang wij de innerlijke wereld niet bewust beleven. We denken alles vanzelf te doen, meestal zonder erover nagedacht te hebben. Maar het is het geïnvolueerde gevoel of besluit, dat een verborgen kracht of verlangen bij ons wekt, om tot daden of evolutie ervan te komen.

Wij kunnen dit bijvoorbeeld zien als we 'sochtends op tijd wakker willen worden voor onze afspraak, werk of school. De avond ervoor stellen we bewust de wekker in, maar we worden dikwijls voordat de wekker afloopt al wakker omdat we, behalve dat we de wekker hebben opgewonden, ons besluit zelf al geïnvolueerd hadden. Het tijdig wakker worden is daar dan de evolutie van. Zowel bewust als onbewust voortgezette involuties doen gewoonten ontstaan. Dit inzicht kan ons helpen wanneer we bijvoorbeeld een dieet willen volgen, of als we van een bepaalde gewoonte afwillen.

Wanneer we bijvoorbeeld iets willen drinken zal, na de nodige spieren te hebben gespannen, de arm zich in de richting van het glas bewegen, om daarna het glas te pakken, naar ons toe te halen en aan onze lippen te zetten, een slok te nemen, door te slikken, en het glas weer terug te zetten. Schijnbaar gaat alles vanzelf, zonder dat we er bewust van zijn dat die handeling door een eerder genomen besluit of involutie, veroorzaakt was.

Zo ook is het voltrekken van transformatie, van verandering van ons leven en ons werk, geheel afhankelijk van het door ons vooraf bewust genomen besluit. Zonder die involutie blijft alles, ook ons diepste verlangen, als een luchtkasteel of een mooie theorie, in de lucht hangen.

Als het bovenstaande tot ons bewustzijn gaat doordringen, zien we in, dat de gehele schepping geïnvolueerd is en wel tot in het oneindige, waardoor in de evolutie van alles voorzien is. Op grond daarvan zou het duidelijk kunnen zijn, dat alles wat leeft, onbewust aan de evolutie van de schepping bezig is. We kunnen het verband en de werking van involutie en evolutie ook gaan inzien ten aanzien van de goddelijke voorzienigheid. De schepping die oneindig evolueert is ook vooraf geïnvolueerd. Wat voorzien is zal gebeuren, wat niet voorzien is zal niet gebeuren.

Zo is er in het wezen van ieder mens zowel een geïnvolueerd, of ingeschapen beeld van menselijke deugden als van een persoonlijk levensdoel waaraan we onze aanleg kunnen ontlenen.

Tot de deugden behoren het gevoel van naastenliefde, trouw, eerlijkheid, verantwoordelijkheid, zorg en het gevoel van saamhorigheid en om mee te willen werken aan de opbouw van een gezonde samenleving. Op grond van deze involutie zou de fysieke mens het ingeschapen beeld van deugden vanzelf evolueren, als ons ego dat niet verhinderde door er een andere involutie overheen te leggen.

Daarnaast zijn wij mensen aan de evolutie van ons ingeschapen levensdoel toe, zoals dat in ons wezen is geïnvolueerd. Het is raadzaam daarom ons levensdoel te kennen zodat we daaraan mee kunnen werken. Maar dat kan pas, als er een einde is gekomen aan de involutiemacht die ons ego over ons heeft. Mede in verband met de schepping hebben we een ingeboren, nooit te kort schietend vermogen van vrijheid, om een involutie bewust op iets anders te richten als we er bewust van afwillen.

Maar een gebeurtenis van buitenaf kan ons er onbewust toe bewegen of verleiden, onze aandacht weer op de oude geïnvolueerde gewoonte te richten. Hierdoor vervangen wij wat we eerder hadden besloten. Ook kan de buitenwereld ons zogenaamd tot iets anders leiden, door een onverwachte gebeurtenis, waarop we reageren.

Ieder van ons kan ook een andere levensinstelling kiezen dan we hebben, bijvoorbeeld door in plaats van bepaalde dagelijkse gebeurtenissen altijd negatief te zien, te besluiten deze nu positief te benaderen. Zoals een half gevuld glas water, zowel als half leeg, als half vol gezien kan worden.

Onze involutie is doorgaans een onbewust door het ego genomen besluit waardoor we niet opmerken dat we zelf bepaalde gevolgen veroorzaken. Zonder vooraf een wekker op te winden loopt deze niet af, zoals ook denken zonder wilsbesluit of gevoelsbesluit, niet tot een daad komt.

Bijvoorbeeld als iemand moppert: 'Ik was het van plan, maar het gebeurt nooit', dan was dat alleen denken zonder wilsbesluit. Zodra ons besluit geïnvolueerd is, is de uitwerking naar evolutie begonnen. Op dat moment is er al, op een nog onzichtbaar leefvlak, iets veranderd.

Ook als we een probleem hebben dat al onze aandacht en gevoel volledig opeist zijn we geïnvolueerd, we winden ons bijna letterlijk op, waardoor wij zelf meewerken aan het ontvouwen of evolueren daarvan. We kunnen dan als getuige bewust toezien wat er in onszelf gebeurt, dit accepteren en daarvan lerend, een nieuw besluit involueren.

Vele mensen bevinden zich in een voortdurende conflictsituatie, doordat ze onbewust geïnvolueerd zijn door een besluit dat alsmaar niet tot evolutie komt, waardoor zij in een negatieve gemoedstoestand belanden.

Wanneer wij bijvoorbeeld boos zijn of iets willen zeggen en dit niet kunnen of durven uiten, geeft dit een gevoel van conflict dat spanning en onrust met zich meebrengt. Wij weten niet dat we er een andere involutie voor in de plaats kunnen stellen, dat dát de angst om het niet te uiten oplost, waardoor wij weer vrij zullen zijn. In dit geval kan een andere involutie bijvoorbeeld zijn het besluit ontspannen en rustig onze mening te zeggen, niet om de ander te kwetsen maar om onszelf te uiten.

Gewoonte-involuties zijn niet zonder meer op te lossen, zoals die om altijd macht uit te oefenen, of onszelf onmachtig te voelen, of de gewoonten om toe te geven aan hebzucht of hoe we met voeding of met ons geld omgaan. Maar ook deze zijn met doorzettingsvermogen oplosbaar, allereerst door te erkennen dat het involuties zijn en dan iedere dag te beginnen met het betreffende voornemen bewust op te geven, en er een andere involutie overheen te leggen.

Maar als we eenmaal een te sterk gevoel hebben aan een gewoonte, die voortkomt uit een nog onbewust besluit, toe te geven, dan keuren we dat gevoel of gedrag met ons verstand af waardoor we in conflict komen. Aan deze ontstane conflictsituatie kunnen we een einde maken door het volgende. Hou dan de evolutie ervan niet meer tegen, waardoor de spanning vermindert, ofwel 'de stoom van de ketel is'. Geef er dan onder de strikte voorwaarde aan toe, het met volstrekt blanke aandacht of waarneming te doen, dus zonder enig zelfoordeel, kritiek of afkeuring.

Bewust naar onszelf kijken als getuige, lost op den duur zo'n involutie die ons telkens in conflict brengt op, waardoor de gedwongen gewoonte-evolutie ontkracht wordt.

Als we het proces van involutie en evolutie doorzien, wordt het ons duidelijk dat alles wat we overdag doen, evoluties zijn van vooraf genomen bewuste of onbewuste involuties. Misschien zien we nu in dat we feitelijk geheel door ons ego onbewust en automatisch geïnvolueerd en geleid worden in ons leven.

Het is dan ook nodig dat we leren het verloop van iedere nieuwe dag vooraf bewust te involueren, terwijl we daarna

52

onszelf met blanke aandacht bewust blijven gadeslaan. Dit is het begin van de weg om ons ego te ontmaskeren. Zo kunnen wij, als we ons normaal niet gelukkig voelen, door bewuste involutie tot een gelukkige levensinstelling komen en ons vrij maken van de oude sfeer die ons leven bepaalde. Met alleen erover te blijven denken, kunnen wij ons niet vrij maken, want denken is geen wil, die tot een daad kan leiden.

Als we bewust geïnvolueerd zijn, zal dit tot evolutie komen, omdat de opgewekte creatieve scheppende kracht zich hoe dan ook zal materialiseren. Dit is een van de grote geheimen van de schepping ten dienste van de mens, om mede hierdoor ieders eigen werkelijkheid en meesterschap te creëren.

Zelfbewust involueren, en niet automatisch geïnvolueerd worden en betrokken raken, houdt ons vrij van gedwongen evolutie waardoor er geen conflict tussen gevoel en verstand ontstaat. Als we daarentegen automatisch involueren, zijn we door het ego in bezit genomen, waardoor onze waarneming betrokken is geraakt bij en onze zintuigen bespeeld worden door hetgeen gebeurt in de ons omringende wereld.

We kunnen onszelf aanleren zoveel mogelijk bewust te blijven van onze involutie in plaats van onbewust de gewoonte te volgen. Bewuste involutie biedt tevens de mogelijkheid van genezing van verslaving en van misdadig gedrag.

Er zijn vele dagelijkse dingen die wij doen waarbij we het proces van involutie kunnen waarnemen, bijvoorbeeld een boek dat in de kast staat; dit boek doet ons niets totdat we het gaan lezen en de inhoud daardoor evolueren. Of een geschreven muziekstuk dat een involutie is, dat door het te spelen tot evolutie komt.

Het begrip involutie-evolutie kan worden samengevat door: 'Elke gebeurtenis wordt veroorzaakt door vooraf bewust of onbewust te zijn voorzien, waarna ertoe besloten wordt en waardoor ze zich zal voltrekken.

Zo kunnen we ons levensdoel en het houden van de koers op weg naar verwerkelijking daarvan, involueren in het vertrouwen dat het geëvalueerd zal worden.

Hierna volgen enkele vragen als wegwijzer om onze involuties of evoluties te ontdekken.

ZELFONDERZOEK

* Is er iets wat ik graag zou doen, maar waar ik steeds niet toe kom?
* Is er iets wat ik graag zou willen laten, maar wat ik niet kan?
* Is mijn humeur een onbewuste involutie?
* Leef ik met een conflict?
* Heb ik onbewust automatisch iets anders geïnvolueerd?
* Besluit en involueer bewust wat je wel wilt, herhaal dat net zolang tot de onbewuste gewoonte is uitgewist.

DE BEWUSTZIJNSZEE

De bewustzijnszee, rimpelloos, kalm, oneindig,
waarnemend schouw ik daar vanuit
met alomvattende blik.
Aan de rand van de zee komt iets omhoog,
vormt een golf, trekt mijn aandacht,
vangt mijn blik, gevoelens en gedachten wellen in mij op.
Die nemen vormen aan,
maken het tot iets dat uitdaagt en begeerte oproept.
Iets in mij wil daarop reageren,
iets dat zich als een deel-ik wil afscheiden van de zee
en zich als een golf daaruit wil losmaken
om erop in te gaan en de andere golf te grijpen.
Waarnemend-ik slaat dat alles gade.
Deel-ik komt niet tot een golf.
Samen met waarnemend-ik, ziet het de uitdager,
de begeertegolf weer een gewone golf worden,
waar het niets mee te maken heeft.
De golf rolt op het strand uit tot niets.
Rimpelloos weerspiegelt de bewustzijnszee
de hemel.

13. HET NIEMANDSLAND

Het 'niemandsland' is het tijdsmoment, dat ligt tussen het moment dat we het bestaan van iets alleen maar waarnemen en het moment dat we ons erbij betrokken voelen en besluiten er al dan niet op in te gaan. Dat iets kan van alles zijn, een medemens of een boek, een concert of een reis enzovoort.

In dit niemandsland, waar we normaal niet bewust van zijn, vindt onbewust het besluit van het ego plaats erop in te gaan of niet, wat dan door het ego geïnvolueerd wordt. Daarna zal hetgeen gekozen is, vroeg of laat door ons geëvolueerd worden.

Iets blank waarnemen vraagt bewust-zijn. Normaal beseffen wij wel, of we iets wel of niet willen hebben, maar we zijn ons van het vooraf blank waarnemen ervan, niet bewust. Het blank waarnemen is zonder enige kritiek, oordeel of reactie en zonder enige betrokkenheid. Er wel bij betrokken zijn houdt een keuze of oordeel in.

Zolang wij niet bewust zijn van het niemandsland besluit ons ego automatisch wat het wil. Het ego ontleent de macht die het heeft, aan het feit dat we niet bewust vooraf blank waarnemen, omdat we dit tijdsmoment niet weten en ervaren.

Om de werking van ons ego te leren ontdekken is het dus belangrijk dat we leren bewust blank waar te nemen. Tot blank waarnemen worden we geïnspireerd door ons innerlijke bewust-zijn, dat ons inspireert om zelf tot een bewuste keuze en involutie te komen, in plaats van automatisch geïnvolueerd te worden door ons ego.

Bewust waarnemen bestaat uit twee elkaar opvolgende delen, namelijk uit een blank waarnemend deel en een deelnemend of betrokken deel. Gewoonlijk onderkennen we die onderscheiding niet en zijn we er onbewust van dat we eerst blank waarnemen, maar we zijn ons wel bewust van de vraag of we er al dan niet op in willen gaan.

De uiterst kleine tijdsruimte tussen blank waarnemen en ons betrokken voelen, de overgangsperiode die we het niemandsland noemen, wordt evenmin opgemerkt. Het is in die overgangsperiode, waar we niet bewust van zijn en die hoogstens een seconde duurt, dat ons ego bepaalt er wel of niet op in te gaan. Daarvoor is er even geen enkele betrekking tot wat we waarnemen, vandaar de naam 'niemandsland' voor die overgangsperiode.

Als we bewust worden van dat niemandsland en er gebruik van maken, heeft geen enkele invloed of suggestie meer macht ons, ongewild, te beïnvloeden. Maar van dat niemandsland kunnen we niet eerder bewust worden, dan nadat wij bewust ons blank waarnemend-ik los voelen staan van ons betrokken-ik, want in die tussenperiode ligt het niemandsland.

Zolang we ons van dat niemandsland niet bewust zijn is er geen blanke waarneming mogelijk, want iedere waarneming gaat dan automatisch over in een, al dan niet, erop ingaan. In werkelijkheid vindt in die overgangsperiode dan altijd het besluit van onze ego-wil plaats. Dat wordt door het ego geïnvolueerd, waardoor we het als een dwingende behoefte voelen eraan toe te geven, alsof dat onze eigen wil is hoewel die dan in feite niet vrij is. Zelfs als wij eerst nog blank hebben waargenomen, maar ons daarna geheel betrokken voelen, laten we die waarneming los. Dat toegeven dan evolutie is weten we niet, want we zijn onbewust van de involutie ervan door ons ego.

Als we het bestaan van het niemandsland bewust geworden zijn, gaat ons innerlijke wezen de keuze doen en involueren, waardoor we de macht aan ons ego in het niemandsland ontnemen.

Hebben we op deze wijze inzicht in en ervaring met het niemandsland verkregen, dan kunnen we er een bewustzijnspost of 'poortwachter' ter bescherming plaatsen door dat inzicht te involueren. Deze poortwachter laat alleen toe wat in overeenstemming is met ons levensdoel. Door blijvend bewust te zijn van het niemandsland kunnen we aan de macht van het ego voorgoed een einde maken.

Naarmate wij bewuster worden van de bron van ons leven en ons levensdoel, zal de poortwachter, die ons aan het niemandsland herinnert, ons beter beschermen tegen ongewilde aantrekking en afstoting door ons ego.

Als we ontdekken dat we onbewust bezet zijn door levens-moeilijkheden, lichamelijke problemen, berichten of verleidingen, waardoor we ons niet door ons innerlijke wezen laten leiden, is het eerste wat we kunnen doen om die bezetting op te lossen, met blanke waarneming naar onszelf kijken. We zijn dan getuige van onszelf.

Dit eist even doorzettingsvermogen, maar door ons hierop te concentreren voelen we ons spoedig weer vrij om zelfbewust van het niemandsland gebruik te maken. Dat bewust worden is nodig omdat het afgescheiden deelnemend-ik een hoofdbestanddeel van ons ego is, in tegenstelling tot het blank waarnemend-ik dat vanuit ons innerlijke wezen waarneemt.

Ons ego dat zeer kwetsbaar is, trekt zich onnodig van alles aan, omdat het zich doorlopend bij alles persoonlijk betrokken voelt. Het reageert dienovereenkomstig en doet dat automatisch.

Het blanke waarnemen is dat deel van ons bewust-zijn dat als een getuige gadeslaat en scheppende en transformerende kracht bezit zodra het zelfstandig wordt door los te komen van het deelnemend-ik. In tegenstelling tot het deelnemende-ik is het blank waarnemen zonder oordeel, zonder kritiek, zonder verwachting of verlangen en steeds in het nu.

Met onvermengd blank waarnemen hebben wij de vrijheid met hart en verstand te kiezen, waarbij we ons wel of niet betrokken willen voelen. Hoe krachtig de beïnvloeding van suggesties en sferen uit de omringende wereld ook op ons afkomt, in het niemandsland verliezen de suggesties hun hypnotische invloed. Die invloeden en suggesties zijn daar weliswaar evengoed aanwezig als daarbuiten, maar hebben tegenover het blanke waarnemen hun kracht verloren. Maar zolang het waarnemen onder invloed van ons ego vermengd blijft met betrokkenheid staat het open voor die invloeden.

Ons bewustzijn verdeelt zich bij een gebeurtenis onbewust in een waarnemend deel via de rechterhersenhelft en een deelnemend deel via de linkerhersenhelft. Beide hersenhelften bestrijken ieder een andere dimensie van bewustzijn. De linkerhersenhelft is gericht op de uiterlijke wereld, de rechterhersenhelft is gericht op ontvangst vanuit ons innerlijke wezen.

Door bijvoorbeeld naar klanken van sfeerrijke muziek te luisteren gaat spontaan bij veel mensen de rechterhersenhelft open, waardoor ons innerlijke gevoel gestimuleerd wordt. Deze hersenhelft heeft een gevoelige ontvangst voor schoonheid, kunst, harmonische muziek en werkt in beelden en symbolen zoals bijvoorbeeld in dromen. Tevens heeft deze rechterhersenhelft een scheppend vermogen, is de ontvanger van intuïtie en inspiratie en stimuleert ons geluksgevoel. Samen vormen beide ontwikkelde hersenhelften de belangrijkste functie voor de ontwikkeling en uiting van ons innerlijke wezen in de wereld.

Bij de geboorte van een kind ontwikkelt zich de activiteit van het waarnemende deel van de rechterhersenhelft het allereerst. De baby die in een staat van onschuld der onwetendheid verkeert, neemt waar zonder zichzelf erbij betrokken te voelen, getuige de zuiverheid, de openheid, de onbevangenheid en het vertrouwen dat de baby onbewust bij zich draagt. In een volgende fase ontwikkelt zich de linkerhersenhelft, het vormgevende of deelnemende deel.

Gedurende de opvoeding krijgt, afhankelijk van het bewustzijn van de opvoeders, het kind doorgaans te veel aangereikt voor ontwikkeling van alleen de linkerhersenhelft. Het kind doet kennis op van de dingen die aangereikt worden en leert gewoonten en reactiepatronen aan, waardoor het gevormd wordt.

Maar helaas niet zoals de bedoeling van de schepper is om samen met het waarnemende deel een functie te worden in dienst van het eigen wezen, maar geheel los daarvan, meestal alleen als uitdrukking en functie van de omringende wereld, de familie, de groep, de kerk, de samenleving. Er wordt zelden rekening gehouden met het innerlijke wezen van het kind.

Het kind wordt zich meer en meer alleen bewust van het deelnemende en betrokken deel, waardoor het van nature blank waarnemende-deel verwaarloosd wordt.

Het blanke waarnemen is bij het kind, na overvleugeld en ontkracht te zijn, in diepe slaap gevallen en zolang het blijft slapen mist het kind het verlangen en het vermogen tot een 'ken je zelf' te komen. Door het ontbreken van zelfkennis mist het opgroeiende kind of de volwassen wordende mens zelfvertrouwen, vrijheid en onafhankelijkheid.

Als bij het begeleiden en de opvoeding van het kind zowel het blanke waarnemen als het betrokken zijn, evenwichtig geactiveerd worden, waardoor aan de zelfkennis van het kind voldoende aandacht wordt besteed, kan de linkerhersenhelft mede uitdrukking en vorm gaan geven aan de diepere gevoelens die het in de rechterhersenhelft ontvangt. Op deze wijze kinderen begeleiden, zal tegelijkertijd onszelf activeren in onze bewustzijnsontwikkeling.

Maar helaas worden er veel kinderen opgevoed en gevormd door: 'je mag dit niet, je moet dat zus of zo doen, gedraag je netjes', en meer van dat soort 'moeten', vaak zonder verdere uitleg van hoe of waarom, waardoor hetgeen gebeurt en waar het kind zich bij betrokken voelt los van elkaar blijven staan. De werkelijkheid van het kind speelt zich dan af in het deelnemende deel van het bewustzijn, zoals onze verstandelijke vermogens als taal, lezen, schrijven, logica en analyse die wij door middel van de linkerhersenhelft ontwikkelen en het kind ontleent daaraan zijn zelfvertrouwen.

Het niemandsland gaat pas opnieuw een rol spelen in ons leven als we weer van blank waarnemen bewust zijn geworden, op grond waarvan het zich heeft losgemaakt van onze betrokkenheid. Hierdoor komt dan de dimensie van ons innerlijke wezen opnieuw in ons tot leven.

Onze blanke waarneming registreert alle gebeurtenissen, zonder dat wij er ons bij betrokken voelen. Maar zolang het waarnemen zich nog niet blank heeft los gemaakt, speelt het afgescheiden ego-bewustzijn van het betrokken deel de hoofdrol in ons leven.

Deze ego-werkelijkheid is bij niemand gelijk, vandaar de vele verschillende waardeoordelen, kritieken en zienswijzen.

Waar we niet bewust van zijn kan ons parten spelen en ons er een speelbal van maken, terwijl we, als wij er bewust van zijn, voor een situatie kunnen kiezen. In het bijzonder als we in nood verkeren kan het blank waarnemende deel van het bewust-zijn als reddingsgordel ontwaken.

Waarom?

Een noodtoestand kan gezien worden als een 'creatief moment' en kan herschepping of vernieuwing teweegbrengen van onze wijze van leven. Een noodsituatie kan een snellere opening van het innerlijke weten bewerkstelligen. Het is een situatie waarin we tijdelijk geen uitweg zien en we een gevoel krijgen alsof we in een doodlopende straat terechtgekomen zijn, ons normale denken kan ons niet meer verder helpen. Ons gevoel raakt beklemd.

Op de bodem van onze wanhoop gekomen, kunnen we alleen nog maar stil worden. Op zo'n moment lijkt het alsof er iets naar ons kijkt, of er een stem is die iets tegen ons zegt. Het is het ogenblik dat we weten dat aan die situatie niets meer te doen is, dat ze een feit is. Door het feit te accepteren is het alsof we de moed en de kracht krijgen tegen onszelf te zeggen; 'Goed, alles gaat voorbij, we leven nog, na deze tijd komt een andere tijd'.

Hetgeen wij op dat moment ervaren komt van het waarnemende deel van ons bewust-zijn dat een functie is in dienst van ons 'ik ben', ons innerlijke wezen, dat nimmer betrokken raakt bij wat dan ook, omdat het op zichzelf vrij is. Het niet betrokken deel heeft zich in die noodsituatie losgemaakt van de toestand waarin onze lichaamsgeest was ondergedompeld en ging als het ware in een lift omhoog en herstelde het contact met ons 'ik ben', de innerlijke bron van onze levenskracht.

In het kort volgen hier de opeenvolgende fasen waar we doorheen gaan in ons dagelijks leven.

* De eerste fase is wanneer we vooraf, meestal onbewust, iets blank waarnemen.
* De tweede fase begint als het zich betrokken voelende ego automatisch involueert wat het hebben wil, tenzij we bewust zijn van het verschil tussen waarnemen en betrokken zijn, en wij zelf bewust de keuze involueren die we gemaakt hebben.
* De derde fase is die van geïnvolueerd te zijn.
* De vierde fase is als we tot de daad of evolutie zijn gekomen van het geïnvolueerde, door erop in te gaan.

Ons ego slaat de eerste fase over en involueert direct wat het wil. Het ego houdt bij het automatisch involueren geen rekening met consequenties van ons doen en laten tegenover anderen, wat tot verslaving en zelfs tot criminaliteit kan leiden. In het niemandsland ligt het vermogen de macht van het ego te doorbreken. Het is daarom belangrijk zoveel mogelijk van het moment van het niemandsland bewust te blijven.

Is het gevoel voor het niemandsland moeilijk op te brengen, dan kan het helpen, een aantal keren stil te zitten en naar de tikken van een klok te luisteren en ons daarbij te concentreren op de stilte tussen de tikken. Het stilte-moment dat ligt tussen waarneming en deelneming in, schijnt eerst uiterst kort, maar wordt langer naarmate we het verschil bewust worden. Op den duur kunnen we blank waarnemen zonder betrokken te raken, dan zijn we ons innerlijke wezen bewust.

Een andere manier om het gevoel voor het niemandsland in ons te ontwikkelen, waardoor er blanke aandacht kan ontstaan, is als volgt.

ZELFONDERZOEK

* We zitten stil en kijken enkele minuten naar een voorwerp waar we een gevoel voor hebben en daarna kijken we naar de ruimte om het voorwerp. Ogen sluiten.
* Met gesloten ogen stellen we ons eerst het voorwerp zelf voor, dan de ruimte die het voorwerp inneemt, en dan de ruimte er omheen.
* We openen de ogen en kijken naar het voorwerp en worden gewaar dat ons gevoel ervoor bijna of helemaal weg is, we zijn objectiever geworden en hebben een stap gezet naar blanke aandacht.

Wees innerlijk stil
Stem af op de presence

Neem jezelf blank waar
Beleef het niemandsland

Bepaal je keuze
Involueer die bewust

Evolueer de uitvoering
door dienend-doen.

14. HET EGO

Ons ego is een rol die we onbewust spelen, een persoonlijkheidsrol waarmee we ons zodanig geïdentificeerd hebben dat wij het gevoel hebben, en ervan uitgaan, dat wij dat zelf zijn doordat wij ons ik-gevoel aan onze ego-werkelijkheid zijn gaan ontlenen. We denken dat we onszelf zijn, maar dat zijn we niet, we zijn ons ego.

Zoals de mens die een bril draagt en daar doorheen kijkt, maar zich van zijn ogen erachter niet bewust is, hoewel zijn bril alleen niet kijken kan, draagt de mens zijn ego-leefgevoel als zijn werkelijke gevoel, zonder zich van zijn innerlijke wezen daarbinnen, dat er het leven aan geeft, bewust te zijn.

Feitelijk is ons ego-bewustzijn van de materiële wereld alleen, het is afgescheiden van het bewust-zijn van de innerlijke wereld en kent deze niet.

Het ego is opgebouwd door aangegroeid gedrag, uit reacties en gewoontegebruik van standpunten en overtuigingen waaruit oordelen, begeerten en hebzucht zijn ontstaan. Ons ego heeft niets eigens van zichzelf en heeft geen eigen centrum, evenmin als een bril dat heeft.

Het ego bestaat dus in zichzelf niet, maar komt tot schijnbestaan of schijnleven, doordat het zich voortdurend laat opwekken door gebeurtenissen of dingen uit de ons omringende buitenwereld, waarop wij met ons ego reageren door erop in te gaan.

Wij hebben onze vrije wil eigenlijk door ons ego gevangen laten zetten door ons alleen afhankelijk op te stellen ten aanzien van de uiterlijke materiële wereld. Bij de geboorte hebben baby's het ego nog niet, al opgroeiend ontstaat het al gauw.

Het doel van het ego, dat alleen de uiterlijke materiële wereld kent, is erop gericht alles te krijgen en te bereiken wat het wil hebben, en het kiest de beste manier die het bedenken kan om dat doel te bereiken.

De ego-werkelijkheid bestaat uit een grote verzameling van egocentrische ikken die rusten op standpunten en reactie-patronen en voortkomen uit identificatie met gemoedsstem-mingen, gevoelens en emoties.

Alle verslavingen, zoals aan televisie-kijken, roken, alcohol en drugs, geld, seks enzovoort, voeden de ego-werkelijkheid en maken ons gevoel te bestaan, ons leefgevoel, er meer van afhankelijk.

Een aanval op ons ego doet ons daarom pijn, beledigt ons of maakt ons boos en verwekt een lichtere tot zwaardere reactie, om de pijn te verzachten en ons ego te verdedigen. Verlies van ons ego wordt gevoeld als verlies van ons leven.

Als één van de vele ikken van onze ego-werkelijkheid be-langstelling krijgt voor de innerlijke wereld, gaat het ego naast andere dingen ook aan zogenaamd spiritueel werk be-ginnen, bijvoorbeeld door het bijwonen van bijeenkomsten, lezen van boeken en dergelijke. Als dat gevoel groeit, komt er een tijd dat het ego ons innerlijke wezen wil leren kennen.

Wetenschap en kennis waarop ons ego rust zijn voornamelijk op standpunten opgebouwd, maar het spirituele dat over 'het leven', liefde en wijsheid gaat is geen standpunt en kan dus ook niet vanuit een standpunt benaderd worden. Het ego kent liefde alleen uit eigenbelang.

Tenzij er bewust-zijn komt van het bestaan van de innerlijke wereld blijft het ego hoogtij vieren. Alle studies, oefeningen en meditaties van ons ego, met het doel een verbinding met ons innerlijke wezen te bereiken, hebben dan ook weinig zin. Want ten eerste zijn we al verbonden met ons innerlijke we-zen, zij het onbewust, en ten tweede kunnen standpunten die in het verleden zijn ontstaan zich nooit met het leven in het nu verbinden.

Als het ons gegeven wordt te ontdekken dat het de schijn-werkelijkheid van ons ego is, die als een dam staat tussen on-ze ziel in de innerlijke wereld en de expressie ervan in de ma-teriële wereld, waardoor het samenspel wordt geblokkeerd, wat kunnen wij dan doen om die blokkade te doorbreken? We kunnen die blokkade doorbreken door af en toe tijdens een gevoel, gedachte of daad naar onszelf te kijken alsof we een ander zijn, die ons blank waarneemt.

Met blank waarnemen wordt bedoeld uitdrukkelijk zonder enige vorm van afkeuring, kritiek of oordeel onszelf waarnemen. Het is op zichzelf al bijzonder als we dit kunnen. Herhaal dit zo vaak als mogelijk is.

Want zoals een gevangene zich niet kan bevrijden zonder hulp van buitenaf en duisternis zichzelf niet kan verlichten, zo kan ook onbewustzijn zich door middel van onbewustzijn niet bewust maken en zo kan het ego zich niet door middel van het ego bevrijden. Daarom moeten we, alsof we een ander zijn, bewust naar onszelf leren kijken.

We hebben dat vermogen omdat we niet werkelijk ons ego zijn, maar ons met het ego hebben geïdentificeerd, alsof we het ego zijn. Maar we moeten de macht van het ego niet breken door het te bestrijden, maar door de macht van het ego te ontkennen. Dat we door ons ego in beslag genomen zijn of gevangen zitten, zal dan onze eerste en belangrijkste ontdekking worden, hoe we bevrijd kunnen worden de tweede.

Als we een boek lezen of naar een televisieprogramma kijken dat ons boeit wordt ons bewustzijn dikwijls zo in beslag genomen, dat het lijkt alsof we gevangen zitten. Hoe kunnen we ons, als we ons hiervan bewust worden, daarvan bevrijden?

We kunnen ons, tijdens het lezen of kijken, bewust worden van onze ogen die dat doen. En dan kunnen we onze aandacht tegelijkertijd op beide acties richten, zowel op hetgeen wát we zien als op onze ogen die dat zien.

We gaan nu door met deze actie, maar richten de aandacht meer en meer op onze ogen.

Doordat de aandacht nu als het ware verdeeld is, zijn we objectiever ten aanzien van hetgeen we lezen of zien, en ons geboeid zijn lost op. Hierdoor is er ruimte in ons bewustzijn gekomen waardoor onze wil vrij is en we voelen aan wanneer we met de actie willen stoppen of doorgaan. We zijn niet meer geïdentificeerd bezig.

De laatste stap is: wees alleen bewust van de ogen en richt deze nu heel langzaam op iets anders in de ruimte waar je bent. De bevrijding van wat je boeide heeft zich dan geheel voltrokken.

In de wereld wordt niet geweten dat we in ons ego 'gevangen' zitten en dat bepaalt de staat waarin onze huidige maatschappelijke beschaving verkeert. Pas als we innerlijk weten dat we uiterlijk gevangen zitten, willen we bevrijd worden. Dat weten kent nl. het verschil tussen wel en niet gevangen zitten.

Het ego dat ervan uitgaat dat er niets anders bestaat dan de uiterlijke wereld, vecht daarom eigenlijk terecht met alle middelen die er bestaan om niet ten onder te gaan. Als we er bewust van zijn gevangen te zitten en dat niet langer willen, waaruit blijkt dat onze geest gedeeltelijk al vrij is, kunnen we, door middel van onze verbeelding, het volgende beleven.

We stellen ons voor dat we in een gevangenis zitten en kijken naar buiten of er iemand langs komt. We verbeelden ons een voorbijganger te zien die vrij rondloopt, we roepen die aan en wenken hem dichterbij te komen. Dan stellen we de vraag: 'Wil je mij helpen hieruit te komen'?

Voel dan hoe die ander naar je kijkt en ga ineens op de plaats staan vanwaar hij naar je kijkt. Word ineens zelf die voorbijganger en loop gewoon weg ....

Het vermogen het gevoel een gevangene te zijn, te vervangen door het gevoel de voorbijganger te zijn is de overgang van het uiterlijke deel van ons bewustzijn dat gevangen zit, naar het innerlijke deel van ons bewust-zijn dat niet gevangen zit. Deze overgang gaat uit van het vermogen vrij te kunnen kiezen wat we willen voelen of zien, en de overtuiging dat we niet automatisch hoeven te doen waar ons ego ons toe aanzet of van uitgaat. We kunnen met kleine dingen gaan oefenen om tot ervaring hiervan te komen.

Een dagelijks voorbeeld.

We zijn druk met iets bezig of we kijken bijvoorbeeld naar een spannende televisie-film, een kind roept of iemand vraagt ons wat. We nemen dan onszelf blank waar en doen wat gevraagd wordt, met of zonder ergernis en we blijven onszelf waarnemen, ook onze ergernis. Ervaar zo het vermogen van de overgang van het onbewuste ego-gevoel geboeid of gevangen te zijn door ons werk, televisie of boek, naar bewust vrij ervan te zijn en sta rustig op. Dan gaan we, wat we noemen 'door ons ego heen'. Want alleen door ons op dat moment als ego innerlijk geen partij te weten, hoeven we ons niet te verzetten of te verdedigen tegen welke uitdaging, aanval of belediging van het ego ook.

Maar zolang ons gevoel nog wel met ons ego vereenzelvigd blijft, doet 'erdoorheen gaan' pijn, soms voelt het aan alsof we bijna verbranden. We kunnen die pijn alleen toelaten door met doorzettingsvermogen niet op de aanval te reageren, maar ons op iets anders te richten waar we de voorkeur aan geven, bijvoorbeeld een hoger of innerlijk doel, waar we ons aan kunnen vasthouden of op concentreren.

Op deze wijze gebruiken we weer het vermogen ons los te koppelen van het bewustzijn waarmee we bijvoorbeeld naar de spannende film kijken en ons bewust-zijn vrij te maken.

Nog een ander voorbeeld: we staan in een rij en hebben weinig tijd om te wachten en voelen ons gehaast. Ga dan door het dwingende gevoel van haast heen, dat ons bewust-zijn gevangen houdt, laat het haastgevoel los en wacht geduldig. Of tel eerst tot tien, voordat je op iets gaat reageren. Op deze wijze creëren we weer ruimte in ons gevangen bewustzijn.

Er zijn tientallen van dit soort gebeurtenissen per dag waarbij we ons, door met blanke waarneming naar onszelf te kijken, kunnen vrijmaken. Als we zo naar onszelf kijken bij situaties waarin het ego ons tot nu toe gevangen hield, bevrijden we onze wil die verbonden is met ons innerlijke wezen.

Wanneer we dit enige tijd met kleine dingen hebben gedaan, wordt ons in werkelijk moeilijke situaties, spontaan de weg gewezen er doorheen te gaan.

Met andere woorden, we laten toe dat ons ego zich als het ware laat 'verbranden' terwille van ons innerlijke wezen. Terwille van het 'erdoorheen gaan' is het daarom van groot belang ons verlangen naar ons innerlijke wezen of de presence dagelijks te versterken. Anders zijn we nauwelijks of niet bereid ons ego los te laten.

Zo bewerkstelligt 'erdoorheen gaan' de transformatie van het ego-bewustzijn. Deze transformatie maakt een einde aan onze identificatie met het ego waardoor we met de reactie van het ego verstandelijk geen rekening hoeven te houden, hoewel dat nog wel emotionele, psychische en/of lichamelijke pijn kan veroorzaken. Maar volhoudend sluit het ons gevoel daardoor aan bij onze innerlijke levensbron waardoor de liefde en levensvreugde in ons terugkeren en de pijn wegebt.

Dit vraagt enige toelichting.

Het diepe innerlijke bewust ontwakende ik van de mens gaat samen met het ontstaan van een uiterlijke vertegenwoordiger of duurzaam-ik. Die doorbraak geeft de mens een zelfstandigheidsgevoel dat zich niet langer met het ego wil vereenzelvigen. Dit is in tegenstelling tot wat op heden de wetenschappelijke godsdiensten de mens leren, namelijk alleen van binnenuit, door middel van het neerdalende goddelijke leven, het ego te overwinnen, wat niet mogelijk blijkt te zijn.

De natuur heeft geen ego, daar vloeit eenwording vanzelf uit het innerlijke in het uiterlijke leven voort, zoals bijvoorbeeld de afwisselende seizoenen op aarde zonder bemoeienis van de mens optreden.

Als mens hebben wij een ego door identificatie ermee, maar we zijn het ego niet. Zolang we ons ermee blijven identificeren, heeft ons ego meer macht dan ons innerlijke leven. Want ons ego ontkent ons innerlijke leven en kan zich erdoor niet laten overwinnen.

Maar als wij ons van de identificatie met het ego losmaken, niet door het te bestrijden maar door het te ontkennen, dat wil zeggen, door niet vanuit het ego te reageren en ons niet tegen aanvallen op ons ego te verdedigen, ontwortelen we ons ego. Daardoor kan ons bewustzijn zich met het neerdalende innerlijke leven verbinden. Deze verbinding is geen blinde volgzaamheid, maar de zelfbewuste ontvangst van het innerlijke in het uiterlijke leven.

Het totstandkomen van eenwording met het innerlijke leven geschiedt op deze wijze van twee kanten, zowel van de neerdalende innerlijke als van de ontvangende menselijke kant.

Daardoor kan het neerdalen en het ontvangen van het innerlijke leven in de mens 'één' worden.

We zullen als mens dus eerst de innerlijke wereld moeten gaan ontdekken, daarmee gaan samenwerken en van daaruit, zelfstandig, door het ego heengaan alsof het niet bestaat.

De overwinning van het ego geschiedt door erdoorheen te gaan, ons losmakend van de identificatie ermee, waardoor we ons ik-gevoel niet langer aan ons ego, maar aan ons innerlijke wezen kunnen ontlenen. Hierdoor kunnen we meewerken aan het ontstaan van een nieuwe mens en zal ons gevoel 'gelukkig te zijn' grond krijgen in ons dagelijks leven.

* Ben ik mijn lichaam?
* Ken ik alleen mijn tijdelijke bestaan?
* Zijn het mijn zintuigen, en mijn lichaam die macht over mij hebben? Zoals bijvoorbeeld bij eten, roken, snoepen, alcohol drinken, seks of andere gewoonten.
* Welke standpunten of overtuigingen heb ik? (Schrijf deze eens op).
* Ben ik geïdentificeerd met mijn standpunten, mijn overtuigingen?
* Ga ik van het standpunt uit dat ik altijd gelijk heb?
* Realiseer ik mij, dat mijn zintuigen op de wereld gericht zijn om mijn wezen te dienen, en niet om bestuurd te worden door mijn ego?
* Gebruik ik mijn zintuigen of gebruiken mijn zintuigen mij?

EGO-IK

Ons ego-ik verbreekt de sfeer
van de levensstroom
en eist zeggenschap op.

Ons ego-ik verbreekt de sfeer
van de liefdekracht
en maakt onszelf tot doel.

Ons ego-ik verbreekt de sfeer
van het innerlijk licht
en ontsteekt het koude licht van het denken.

Ons ego-ik verbreekt de sfeer
van menselijke eenheid
en verdeelt die om eigen macht.

Ons ego-ik verbreekt de sfeer
van zijn
en zoekt ons geluk in hebben.

Door dienend-doen
verbreken wij de ego-sfeer
en vinden we ons geluk in 'zijn'.

15. IK-VORMEN

De vervulling van ons levensdoel ligt in de fysieke verwerkelijking van ons innerlijke wezen door bewust worden en loslaten van ons ego-bewustzijn.

De weg van levenskunst daarnaar toe vraagt om bewustwording van de innerlijke wereld en onze ziel. Voor het ontwaken daarvan is het nodig dat we met ons hart leren mee te leven. Mensen die van hun levensdoel bewust geworden zijn en daaraan in hun dagelijks leven grond geven, hebben een harmonisch en evenwichtig gemoed ontwikkeld dat beide werelden, de innerlijke en de uiterlijke, samen omvat. Daarentegen speelt de mens, die zijn levensdoel niet bewust is, de rol van zijn afgescheiden ego-bewustzijn, op het uiterlijke levensvlak. Ons ego of afgescheiden zelfbewustzijn dat geen centrum heeft of 'ik' waar het van uitgaat, heeft vele gemoedsstemmingen met toegangsdeuren naar de vele 'ikken' die we hebben. Onder gemoedsstemming wil ik hier een gevoel verstaan, dat op een moment alles bepaalt waarmee wij ons identificeren en dat voor ons dan de werkelijkheid is.

Die toegangsdeuren bestaan uit onze ontvankelijkheid voor de aantrekkingskracht van invloeden en suggesties, die door de zintuigen worden aangereikt en waarop automatisch wordt gereageerd. Door middel van levenskunst kunnen we leren ons van deze aantrekkingskrachten bewust te worden en er niet automatisch op te reageren.

Ieder 'ik' heeft een eigen deurtje tot zo'n gemoedsstemming. Zolang die stemming blijft, kan deze tot bepaalde gedachten, daden en zelfs tot doelen leiden. Op het uiterlijke levensvlak hebben wij derhalve voortdurend wisselende ikken, die tijdelijk geleid worden door de stemming waarin we verkeren.

Dat we dat niet weten, en denken dat we steeds een en dezelfde ik zijn, zij het met soms tegengestelde stemmingen, komt doordat wij het tot gewoonte gemaakt hebben ons ik steeds met welke gemoedsstemming dan ook te identificeren. Hierdoor maakt onze gemoedsstemming in feite telkens weer onze werkelijkheid uit. En dat blijft zo, zolang er van het binnenvlak uit geen duurzaam-ik op het uiterlijke vlak tot ontstaan komt, dat in verbinding staat met de innerlijke wereld en dat met het bestaan daarvan rekening begint te houden. Het wordt duurzaam genoemd omdat het tegenover de andere ikken niet wisselt en een vaste plaats inneemt.

Wanneer door aanhoudende aspiratie naar leiding en verlichting zo'n duurzaam-ik bij ons ontstaat, zal daaraan de wijsheid gegeven worden die het in staat stelt aan de ikken de bestaansgrens van hun stemming aan te geven, die terwille van de mogelijke evolutie van ons levensdoel, niet meer overtreden zou mogen worden. Dit bewust gecreëerde duurzame-ik leert vervolgens, door opening van ons innerlijke oor, luisteren naar boodschappen en impulsen van ons innerlijke wezen, om die boodschappen dan weer aan de betreffende ik ter uitvoering door te geven. Dit duurzame-ik is niet alleen een bruggenhoofd geworden van de innerlijke wereld, maar ook een soort poortwachter, waardoor wij tegenover onszelf en tegenover anderen beschermd worden tegen het aanrichten van schade. Onherstelbare schade bestaat niet, want in alles wat gebeurt blijft de werkzaamheid van de voorzienigheid altijd actief aanwezig.

Wanneer door voortgezette aspiratie dit duurzame-ik totstandgekomen is, begint het doorgeven van lering, verlichting en leiding. Ons dagelijks leven zal daar in het begin nog niet echt ontvankelijk voor zijn. Wij voelen wel dat het waardevol is, maar daar blijft het nog even bij. Pas als wij het gaan toepassen, kunnen wij ons daadwerkelijk op eenwording gaan richten.

Ons eerste werk is, te voorkomen dat de grenzen van bepaalde ikken nog langer worden overschreden, hetgeen wij doen door bewust naar onszelf te kijken en te accepteren wat we waarnemen. Daarna begint het grote werk aan deze ikken, het werk van hun transformatie, zodat de ikken tezamen, ieder op hun terrein, uitvoerders worden van de leiding van ons innerlijke wezen, om dit op aarde te manifesteren.

Hoe kunnen wij dit bereiken en verwezenlijken?

Door op ons uiterlijke levensvlak het aspirerend duurzaam-ik als een kompas op ons levensdoel te blijven richten, zorgend dat de grenzen van ons levensdoel niet overschreden worden. Wij kunnen hiermee beginnen door enkele minuten per dag stil te zijn en ons op ons innerlijke wezen te concentreren en ervoor te zorgen dat we, wat ons ook gebeurt, de balans handhaven tussen wie we voelen te zijn en wat er gebeurt. Pijn, verdriet, schuldgevoelens, enzovoort helpen ons vaak ons levensdoel in stand te houden.

Na het handhaven van de grenzen van zo'n deel-ik kan aan de transformatie of grote schoonmaak begonnen worden. Die schoonmaak begint met te leren met een fotografische blik ons gemoed blank gade te slaan, met andere woorden zonder enige kritiek of oordeel te kijken en te accepteren hoe wij zijn, bijvoorbeeld door te kijken naar onze heftige gevoelens. Daardoor zullen wij de 'ik' gaan herkennen die aan dat gevoel ten grondslag ligt en ons motiveert en kunnen wij leren inzien dat deze 'ik' door gewoonte een deel van ons is geworden, dat wij zo zijn en dat accepteren. Naarmate vervolgens deze deel-ikken één voor één, door er bewust naar te kijken, in het licht gebracht worden, begint hun transformatie waardoor aan het blokkeren van onze levensstroom langzaam een einde komt.

Bij deze ikken die in het licht worden gebracht zullen er zijn, die meer of minder tijd vragen om getransformeerd te worden. Enkele zullen al na één keer verdwijnen. Dat zijn diegenen die alleen in het donker kunnen bestaan en geen licht kunnen verdragen zoals bepaalde nachtvogels, of die als ijs zijn, dat bij de eerste zonnestralen smelt.

Als we het voorgaande begrepen hebben, zullen we ons bij een bepaald ik al gauw afvragen: 'Aan welke stemming heb ik dat nu te danken'?

Wij staan voor deze vraag open omdat we, doordat onze identificatie afgezwakt is, zijn gaan inzien dat wat ons gemoed ons te voelen geeft, niet noodzakelijk op waarheid berust.

Dit kan het begin worden van de ontmanteling en de ontmaskering van schijn-ikken en onze schijn-werkelijkheid. Deze ontmanteling wordt versterkt, door op te merken dat vele gevoelsreacties vaak tegengesteld zijn. Wat ons bijvoorbeeld eerst blij maakte, doet ons nu niets meer of maakt ons zelfs verdrietig. Dezelfde gebeurtenis wordt dan door het oog van een ander ik gezien die een andere gemoedsstemming heeft.

Vervolgens gaan we ervoor zorgen, dat we niet meer door gevoelens of stemmingen verleid worden en dat we daaraan geen standpunt of overtuiging meer ontlenen. Dan zijn er momenten aangebroken dat we kunnen beleven dat de levensstroom, die eerst door de zeef van het denken van de linkerhersenhelft werd tegengehouden, ons hele gemoed als een waterval overstroomt. Dan weten wij dat we met ons echte leven bezig zijn.

Eerder was er nog geen duurzaam ik in ons dagelijks leven, omdat het bestaan van de innerlijke wereld voor ons nog geen voldongen feit was.

Dat kwam omdat wij, hoewel wij dit als heel kostbaar beschouwden voor ons leven en onze huidige levensomstandigheden, er nog geen grondvlak voor hadden. Misschien wel met ons denken, maar zeker in het dagelijks leven waren we nog niet ontvankelijk voor de lering, verlichting en leiding die ons vanuit de innerlijke wereld altijd onopvallend begeleidt. Ons dagelijks leven is meestal te bezet door ons afgescheiden ego-bewustzijn met zijn deel-ikken. Maar als wij ons leven, ondanks het feit dat ons ego er in ons daadwerkelijke leven geen ruimte voor wil maken, toch willen veranderen dan gaan we een spiritueel levensvlak creëren, dat geheel losstaat van ons werkelijke dagelijkse leven.

Op dat zogenaamd spirituele vlak trekken we ons zo af en toe terug. Wij doen dat bijvoorbeeld door middel van het lezen van boeken over het bestaan van de innerlijke wereld of door er met anderen over te discuteren. Zo ontstaat wat je kunt noemen een denkbeeldig spiritueel ik, dat een eigen leven gaat leiden en dat zich noch verbindt met de dagelijkse werkelijkheid noch met ons gedrag in de wereld. Vanuit dat in de lucht hangende levensvlak denken we dat we goed bezig zijn en voelen we ons vrij van de noodzaak ons dagelijks leven aan te passen aan wat we ten onrechte onze innerlijke groei noemen. We kunnen ons op deze wijze bovendien altijd veilig terugtrekken op dat zwevende levensvlak boven de wereldse problemen. Daar voelen we ons vrij van de wereldse consequenties die we vrezen, en die een gevolg kunnen zijn van een verandering of ommekeer van ons daadwerkelijke leven.

Zo wordt dat zogenaamde spirituele vlak voor ons een gebied waar het heerlijk schuilen is en waar we ons ongestoord de weg van eenwording kunnen verbeelden. Het gaat er niet om spiritueel voeding te vinden los van het dagelijkse leven, maar tot een daadwerkelijk dagelijks spiritueel leven te komen en niet weg te vluchten in een begoocheling van rust en vrede die de grond van ons bestaan niet raakt.

Waar we begonnen zijn met een levend gevoel en goede bedoelingen om mee te werken is het, op die manier, een uit vluchtbehoefte ontstane begoocheling geworden, die de werkelijkheid van een leven dat op weg is naar eenwording nabootst. Aan deze gesteldheid liggen de angst en onwetendheid ten grondslag dat wij ons hele leven radicaal zouden moeten omgooien om aan onze eenwording te werken, hetgeen een absolute onmogelijkheid voor ons lijkt.

We zien niet waaruit die verandering werkelijk zal bestaan. We hoeven er ons gezin, werk, onze genoegens en vrienden heus niet voor op te geven. Alle vormen kunnen blijven voortbestaan. De werkelijke verandering komt te liggen in de motivering van onze daden. Het gaat uiteindelijk om verandering van de beweegredenen die tot ons huidige leven geleid hebben. Laten we dit eens bekijken, vanuit de situatie zoals die in de wereld is.

De bakker bakt brood om geld te verdienen, de schoenmaker lapt schoenen, de kruidenier verkoopt levensmiddelen, de kleermaker maakt kleren. De drijfveer van allen is of wordt op den duur voornamelijk het resultaat, de noodzaak geld te verdienen om te kunnen leven. Als de drijfveer zou veranderen, maar ze hetzelfde zouden blijven doen, als ieder voor de instandhouding van een goede samenleving zou gaan werken, zou geld voor het eigen onderhoud de beloning daarvoor worden. Dat betekent dat de motivering zou voortkomen uit een levend gevoel van het bestaan van de innerlijke wereld. Onze daden zouden dan de bekleding daarvan worden.

Als we deze gang van zaken doorzien, blijkt dat onze werkelijke levensverandering al veel dichterbij gekomen is.

Dat komt, omdat we inzien dat het er niet meer om gaat onze uiterlijke levensomstandigheden te veranderen, maar juist om te zijn zoals we zijn en daarvan te leren.

Het gaat erom naar onszelf te kijken, onszelf gade te slaan en te accepteren zoals we zijn in plaats van onszelf te willen veranderen. Daarnaast is het belangrijk, dat we blijven aspireren naar eenwording. Enkele aspecten daarvan zijn, transformatie, zelfwaarneming en acceptatie en de voorzienigheid, waarover ik het volgende wil zeggen:

Aspiratie is de dynamische drang achter ons besluit met inspanning van alle krachten van onze natuur, de staat van zelfrealisatie en eenheid te bereiken. Door de aspiratie bovendien te beademen door enkele diepe uitademingen, bekrachtigen we deze.

Transformatie, waaronder we hier verstaan dat wat datgene oplost dat de levensstroom door ons afgescheiden denken heeft uitgesloten - zoals stromend water tot stilstand komt als het bevroren is - en het weer met de levensstroom doet meestromen. Transformatie kunnen we dus vergelijken met het ontdooien van ijs, waardoor het de eigenschappen van ijs verliest en zich weer bij het water kan voegen.

Als we de overeenkomst doortrekken, dat ijs te vergelijken is met afgescheidenheid, dan zou dat betekenen, dat als wij ijs zouden weggooien, we bevroren levenswater weggooien. IJs dat smelt verliest de tegenstelling tot water. Het verliest zijn koudheid, zijn hardheid en stilstand, wordt warm, zacht en beweeglijk waardoor het met de stroom mee kan stromen, er een mee wordt.

Blanke aandacht en zelfacceptatie werken vanzelf transformerend, doordat we ons zelf zonder enig oordeel waarnemen, we nemen waar hoe we zijn of wat we voelen, alsof we een ander zijn. Maar we moeten niet proberen ons zelf te veranderen of dingen af te leren.

Waarom is dat?

Dat is, omdat als wij bij ons zelf iets willen veranderen of onszelf iets willen afleren er een conflict in ons wordt opgeroepen.

Omdat bijvoorbeeld trek hebben in roken en met ons denken van roken afwillen, beide op hetzelfde bewustzijnsvlak liggen.

Dat stelt ons telkens weer voor de strijd, zal ik mijn wil volgen of zal ik doen wat mijn denken zegt. Maar als wij, in de plaats daarvan, blanke aandacht voor onze wil hebben, waardoor onze wil vrij is, ontstaat er geen conflict, zoals in het vorige hoofdstuk beschreven werd, namelijk toen de gevangene zich voorstelde een voorbijganger te zien die naar hem keek, waarna hij het bewustzijn van gevangene losliet en het verwisselde voor het bewust-zijn van de voorbijganger en wegliep.

Dit vermogen, onszelf los of vrij te maken van wat ons geboeid of gevangen houdt, door onszelf met blanke aandacht waar te nemen, is in de wereld niet ontwikkeld waardoor meningsverschillen gemakkelijk tot spanningen, ruzie en tussen landen tot oorlog kunnen leiden. Maar wij kunnen leren dit vermogen altijd te gebruiken zowel bij conflicten met anderen als in onszelf.

Om het vermogen van blank waarnemen of getuige zijn te versterken oefenen de Satipathana-monniken zich door de twee bewustzijnsniveaus zoveel mogelijk tegelijk te beleven. Zij zeggen bijvoorbeeld: 'Ik loop en ik weet, dat ik loop', of 'ik zit en ik weet, dat ik zit'.

De 'ik' die het alleen weet, loopt niet, dat is namelijk een andere 'ik' , dan de 'ik' die loopt. Er zijn op dat moment dus twee vormen van ik-bewustzijn.

Het gaat om die andere 'ik', die bijvoorbeeld weet of waarneemt en accepteert dat we roken, naast de 'ik die rookt'. De een is erbij betrokken en de andere neemt het alleen waar. Door onszelf blank waar te nemen en te accepteren zoals we zijn, wordt in ons de getuige bewust. Dit getuigebewustzijn dat verbonden is met de dimensie van de innerlijke wereld roept geen conflict op.

Dit bewust-zijn heft het conflict als het ware op uit het leefvlak waarop het rust. Wij verleggen op deze wijze namelijk een gevoelsdrang uit gewoonte naar een innerlijk levend gevoel dat kan kiezen om iets te doen of te laten, wat ons meer vreugde geeft en duurzamer gelukkig maakt. Dit levende gevoel bedient zich van de zintuigen, maar is er geen slaaf van.

We kunnen bewust blank waarnemen voelen als een attribuut, een tot het wezen behorende eigenschap van de levensstroom, die vredig en warm is.

Als we nu deze vergelijking doortrekken naar onze huidige denkgewoonte - dat deze wereld losstaat van de innerlijke wereld, wat overeenkomt met ijs dat afgescheiden en los is van stromend water - dan kunnen we op overeenkomstige wijze begrijpen dat door bewust waarnemen, waarin de warmte van de liefde aanwezig is, het ijs gaat smelten ofwel dat afscheiding ophoudt afgescheiden te zijn. Vandaar dat we niets moeten proberen te veranderen, door het ijs bijvoorbeeld weg te gooien. Door bewust blank waar te nemen en te accepteren vindt de verandering, het smelten, vanzelf plaats. Deze manier van bewust worden is zelfs gemakkelijker, omdat gevoelens hun levende voeding op dat moment, van binnen, de innerlijke wereld, krijgen.

Is het duidelijk dat het ook hier om levenskunst gaat?

Vervolgens is het van belang in te zien wat de voorzienigheid is en dat de voorzienigheid 'is'. De voorzienigheid is alom tegenwoordig, werkt overal en altijd, in alles wat leeft. De voorzienigheid die in het innerlijke wezen van de mens geïnvolueerd is, verlicht en leidt ons en werkt altijd in het heden, verborgen in gebeurtenissen. Die gebeurtenissen kunnen zowel van positieve of blijde, als van negatieve of verdrietige aard zijn.

Laten we ons bewustzijn openen en geopend houden voor de werking van de voorzienigheid in ons, en daarop leren vertrouwen. Dat wil zeggen, laten we ons openen voor de voorzienigheid die binnen alles wat gebeurt altijd aanwezig is om ons te helpen op de beste wijze uitdrukking of vorm te geven aan de bedoeling van ons leven.

Alles wat ons gebeurt is in dit licht altijd goed en het beste voor ons. Laten we leren transparant naar gebeurtenissen te kijken om de les die erin verborgen is te ontdekken, en leren ze met vertrouwen te aanvaarden en toe te laten.

Als we er bewust rekening mee gaan houden, dat de voorzienigheid een onafscheidelijk deel uitmaakt van de levensstroom, zal dat ons op den duur weerhouden te gemakkelijk geïdentificeerd te raken.

Want bij alles wat ons gebeurt, zullen we ons gaan afvragen: 'Wat is het doel van deze gebeurtenis voor mij, wat kan ik er mee'? De inhoud van iedere gebeurtenis kan dan blijken een zegen voor ons te kunnen worden, die ons dichter bij ons levensdoel brengt.

Dan worden we ervan doordrongen dat 'Divinity shapes our ends' (Hamlet), vertaling 'het goddelijke vormt onze einddoelen', en dat ondanks het feit dat we dit gegeven, in ons leven, steeds proberen te negeren.

Laten we ons realiseren hoe gemakkelijk we ons telkens onttrekken aan de zegeningen van het toezicht van de presence en de werking van de voorzienigheid in ons, door ons te laten meeslepen door de koppige suggestie dat de zichtbare vormenwereld op zichzelf bestaat en dat dingen dus onvoorzien en toevallig kunnen gebeuren en ons schade kunnen doen.

Ondanks het feit, dat wij misschien geen enkel begrip hebben van de innerlijke wereld, onthult bewustwording ons dat in alles wat gebeurt een les verborgen is die ons naar ons levensdoel leidt.

Liefde herstelt alle evenwicht,

door van niets

een tegenstelling te zijn.

16. DE GROTE ONTMASKERING

We zijn nu misschien tot het inzicht gekomen van de nood-zaak ons ego te ontmaskeren, maar laat het ons duidelijk zijn dat het ego geen einde kan maken aan zichzelf. De weg die kan leiden tot ontmaskering van ons ego vraagt van ons, op-recht en bereid te zijn in onszelf. We dienen dan ook tot een andere levenshouding te komen, die we meestal zoeken in een of andere spirituele richting.

Het doel van spiritueel gericht zijn is te komen tot geestelijke en stoffelijke eenwording. Wij hebben ontdekt dat er meer wegen naar eenwording leiden, en hebben een weg gekozen die ons het meeste aanspreekt. Daarover filosoferen, denken en lezen wij. We doen dat afwisselend op de voor- en op de achtergrond van ons bewustzijn en kunnen daar veel tijd en geld in stoppen, het is wat ons aanzet, waarnaar wij streven en waarvoor wij leven.

We volgen studies en doen oefeningen om 'een' te worden met het goddelijke. Maar wij realiseren ons niet, dat we daar geen eenwording mee bereiken. We denken eenwording nog zelf voor elkaar te moeten krijgen, maar alle werk aan een-wording is energie en tijdverlies, omdat wij vanuit de schep-ping al 'een' zijn, we zijn ons daar echter niet bewust van. Het gaat erom ons bewust te worden van de bestaande eenheid.

Dat wij anders denken komt doordat we ons er niet van be-wust zijn dat ons innerlijke wezen door de illusie van de wer-kelijkheid van ons ego voor ons verborgen wordt gehouden, zoals een wolk die voor de zon hangt. Dit betekent dat wij niet eerder aan het echte werk kunnen beginnen voordat we door-zien en doorgrond hebben, dat wij ons ik-gevoel ten onrech-te ontlenen aan onze ego-werkelijkheid waarmee we ons identificeren. Voordat wij dat inzien en ervaren zijn we dus bezig te proberen ons ego met ons innerlijke wezen te verbin-den en er een mee te worden. In feite willen wij ons ego dan met het goddelijke verbinden.

Maar als wij eenmaal tot die ontdekking komen - doordat er

een diepe ervaring van tijdloze stilte over ons komt, die het bestaan onthult van ons innerlijke wezen - dan en niet eerder, kunnen wij aan de bewuste verwerkelijking van ons gevoel van eenwording beginnen.

Wij worden ons ervan bewust dat ons innerlijke wezen, dichterlijk gesproken, als de rijpe bloemknop van een lotus is, die pas dan in ons uiterlijke leven tot volle bloei kan komen als ons ego tot niet bestaan is gekomen.

Om dat te kunnen bereiken moeten we kiezen voor een levenshouding waarin we ons niet langer met het ego identificeren en daarom ook besluiten niet langer open te staan voor goedkeuring of lof van ons ego en ons ego niet langer te verdedigen tegen welke negatieve, pijnlijke of andere aanvallen en gebeurtenissen dan ook. Het is noodzakelijk zelfs niet te trachten deze ego-tegenwerkingen te ontwijken en de uiteindelijke totale ontmaskering van ons ego toe te laten.

Zoals we hebben gezien is het enige, dat het bewust-zijn van de bestaande eenheid tussen ons innerlijke wezen en ons uiterlijke leven verstoort, ons ego-bewustzijn. Als dit tot ons doorgedrongen is, zullen we om tot de beleving van de eenheid te komen, moeten toelaten dat er een einde komt aan het ego-bewustzijn, dat een illusie is. En aan die illusie komt een einde als we, zoals gezegd, iedere identificatie met het ego opgeven door het bestaan ervan niet langer tegen welke aanval dan ook vol te houden of te verdedigen.

Dit gebeurt alleen al door het blank blijven waarnemen van onszelf, door gade te slaan wát ons ook gebeurt, zonder er hoe dan ook op te reageren of ons te verdedigen.

Zolang het keerpunt niet opgelost is, zal het ego onze leefgewoonten blijven vasthouden en ons verrassen met hardnekkige tegenwerkingen. Maar wanneer het is opgelost zal de deur van binnenuit opengaan en het stralende licht van ons innerlijke wezen zal het ego ontmaskeren.

Dat is de weg die we kunnen gaan en die dóór de wereld gaat en niet eromheen. Wanneer we niet meer met ons gevoel reageren en ons niet meer verzetten tegen welke aanval op ons ego dan ook, komt er vanzelf een einde aan de illusie van ons ego, die als een wolk voor de zon van ons innerlijke wezen hing. De ontmaskering is begonnen.

GEWOONTE

Gewoonte is een namaakbloem,
vergeeld en zonder geur.
Het zout'loze der aarde,
dat slaapwandelaars maakt.

Gewoonte doet ons berusten,
in eigen fouten en gebreken.
Gewoonte leidt ons blindelings,
en doet ons vreugdeloos beleven.

Ontwaak uit de gewoonteslaap,
ontdek opnieuw wat in je leeft.
Vernieuw het wezen van je werk,
en wat je aan je naaste geeft.

Ook de alledaagse dingen,
kunnen van het nieuwe zingen.
Als je oor en oog en plicht,
ook weer op je wezen richt.

17. MEDITATIE

In het algemeen wordt onder mediteren verstaan, spiritueel bezigzijn. Het is goed ons even terug te trekken uit de dagelijkse beslommeringen om meditatie of meditatieveoefeningen te doen. Maar veelal is meditatief stilzitten alleen een poging de mentale activiteit te stoppen, in tegenstelling tot spiritualiteit die verbonden is met het dagelijks leven.

Door middel van dit soort meditatie kunnen we ons ontspannen en harmonisch voelen, zowel geestelijk als lichamelijk, maar daarna zwakt dit gevoel weer af, om daarna dit proces opnieuw te herhalen. Ons leven zal, hoe goed bedoeld, er niet door veranderen. Op deze wijze hebben mensen de kerk verlaten en geven er een hedendaagse vorm aan. De vorm is veranderd, maar aan ons bewustzijn is daardoor niets veranderd. Daarom is het belangrijk te onderzoeken met welke intentie wij mediteren. Als we beginnen te mediteren regeert het ego waarmee we onze aandacht op de innerlijke wereld richten. Maar zolang ons ego actief blijft, heeft wat we ook doen weinig met meditatie te maken, het afgescheiden ego kan van de innerlijke wereld niet bewust worden.

Doelmatig mediteren begint door, nadat we tot innerlijke stilte zijn gekomen, onze aandacht op het keerpunt te richten. Het keerpunt is het aanrakingspunt waar de uiterlijke wereld door de innerlijke wereld wordt aangeraakt en tot leven komt. Het ego kent noch de innerlijke wereld noch het keerpunt.

De eerste voorbereidende stap naar meditatie is daarom, tot de stilte komen van niets denken, niets voelen en niets willen en alles los te laten, tot er niets dan stilte wordt ervaren.

Wanneer deze stilte bereikt is, waar mensen soms heel lang over doen, komt ons innerlijke wezen vanzelf met ons in aanraking. Deze aanraking kan door ons verschillend ervaren worden, als een onverwoordbare sfeer van een andere dimensie, een blijmakende lichtstraal of door het horen van een innerlijke stem. Zij wordt door betrokkene als een diepe gebeurtenis ervaren.

Wat is er gebeurd?
Op het moment dat er geen keerpunt meer is, waar eerder het ego-bewustzijn het overnam van ons innerlijke wezen, is ons dagelijks bewustzijn bereikbaar geworden voor aanraking door ons innerlijke wezen. Levenskunst is gericht op het tot oplossing komen van het keerpunt, dat het samengaan van de innerlijke en de uiterlijke wereld blokkeert. Zolang we alleen iets willen bereiken, willen zoeken of vinden, is ons ego nog aan het werk.
Meditatie blijft een oefening zolang we ervoor gaan stilzitten. Ze geeft ons echter een mogelijkheid tot volkomen stilte en daardoor tot transformatie en bevrijding van ons ego te komen. Maar als we eenmaal gemakkelijk overgaan tot contemplatie is er iets duurzaams in ons dagbewustzijn binnengekomen dat van ons innerlijke wezen bewust blijft.
Als we na een meditatie in de sfeer en verbinding blijven met ons innerlijke wezen en het werk gaan doen dat voor ons ligt, is het opgehouden een oefening te zijn. Dan heeft spirituele meditatie zijn doel bereikt en gaan de twee werelden door bewustzijnsgroei meer en meer samenwerken.
Met andere woorden: Het gaat erom het uitsluitend naar buiten gerichte leven los te laten en door bewustwording en ontvouwing te openen voor het innerlijke leven. Dan slaan we door mediteren een brug over de afscheiding, door het keerpunt tussen de uiterlijke en de innerlijke wereld op te lossen, en deze met elkaar te verbinden. Daardoor ontstaat er in ons dagelijkse leven steeds meer ruimte voor beleving van het werkelijke bestaan van de innerlijke wereld.
De brugverbinding die in het begin misschien gemakkelijk zoek raakt, zwak is en soms moeilijk begaanbaar, zal al-doen-de dagelijks gemakkelijker terug te vinden zijn en toegankelijker worden. Naarmate vervolgens de ervaringen die aan de andere kant van de brug worden opgedaan, langzaam in het dagelijks leven beginnen door te dringen, brengen deze daar veranderingen teweeg.
In ieder van ons, zijn vanaf het begin van de schepping overblijfselen van de eenheid van de schepping geïnvolveerd. Deze overblijfselen geven ons een onbestemd verlangen of heimwee, en trekken als een magneet datgene aan wat de rij-

ping van onze innerlijke mens bevordert terwille van onze heelwording. Het is uiteindelijk de stem van ons innerlijke wezen, die de overblijfselen wekt, die ons er oorspronkelijk toe gebracht hebben met behulp van meditatie tot erkenning en beleving van de innerlijke wereld te komen.

Verder voortgezette dagelijkse meditatie zal, door het verdiepen van ons bewust-zijn, de werking van onze overblijfselen activeren. Uiteindelijk breekt het moment aan dat er geen brug meer is. De scheiding door het keerpunt, die het tekort - schietend bewustzijn tevoren tussen de innerlijke en de uiterlijke wereld maakte, is dan tenietgedaan. Zelfrealisatie gaat zich voltrekken als een blijvende dialoog met de stem van ons innerlijke wezen, zodat ons dagelijks leven tot een levende meditatie is geworden.

Meeleven gaat vanzelf,
mee beleven vraagt bewustwording.
Bewustwording ontplooit zelfbewustzijn,
zelfbewust leven openbaart eenwording.

18. DE WEG VAN DE MENSHEID

Als we iets meer begrijpen van de weg van de mensheid in het algemeen kunnen we een beeld krijgen van de plek waar wij zelf op die weg staan, waar we aan toe zijn op grond van ons huidige leven.

In het begin van de schepping is de weg van de mensheid op alle niveaus van leven oneindig voorzien of wel geïnvolueerd, dat is de oorsprong ervan, daarna is de evolutie begonnen met de neerdaling in de materie. Daarvóór maakte het bewust-zijn van de mens deel uit van het goddelijke of eenheidsbewust-zijn dat alles insluit. Na de neerdaling keert dit bewust-zijn zich geheel naar buiten, waardoor de erkentenis van het bestaan van de innerlijke wereld als oorsprong en instandhouder van de materiële wereld, buiten het directe gezichtsveld van de mens komt te vallen. Maar terwijl deze neerdaling ervaren kan worden als een val, is ze gezien vanuit het gehele proces, een inwijding in het levensvlak van de zichtbare materiële wereld. Want daar is het, dat zich door 'het leven' in de daad, zelfbewustzijn kan gaan ontvouwen.

Zo kan het ons duidelijk worden dat het materiële bewustzijn een onderdeel is van het eenheidsbewustzijn. Helaas ontkent dit materiële bewustzijn onze innerlijke leiding waarvan wij voor de val, wel bewust waren.

Het leven van de huidige mensheid bevindt zich in die fase van ontwikkeling van de schepping, waarin het bewust-zijn van de innerlijke wereld en het onvergankelijke van de mens nog niet of nauwelijks ontwaakt is, laat staan tot ontplooiing is gekomen. In plaats daarvan geeft het tijdelijke ons heden ten dage het gevoel dat we bestaan. Wij zijn er onbewust van dat dat niet zo is, omdat we ons ego voelen als onszelf. Het bewustzijn van ons ego dat alleen van de materiële wereld is, sluit het bewustzijn van de innerlijke wereld uit.

Wij voelen het ego als onszelf en het enige dat bestaat. Om ons ego creëren wij een werkelijkheid van waaruit we leven. Het doel van ons ego is erop gericht alles te krijgen en te bereiken wat we willen hebben en daarvoor de beste manier te kiezen, die we bedenken kunnen. Door dit afgescheiden ego-bewustzijn voelen we ons als eenling tegenover anderen en zullen wij onze eigen weg moeten leren gaan. Overal ontmoet ons afgescheiden ego-bewustzijn tegenstellingen, waardoor wij gedwongen worden een keuze te maken, welke het tijde-lijke bestaan betreft, waarover ons ego de scepter zwaait.

Van tegenstelling tot tegenstelling gaande, ontmoeten wij nergens blijvende vrede en geluk en wijten dat aan alles be-halve aan onszelf, aan onze onkunde en onwetendheid, ver-oorzaakt door ons gescheiden bewustzijn. Door de gevolgen van de moeilijkheden, die op grond van die onwetendheid optreden, zal als vanzelf na langere of kortere tijd, een lei-draad ontstaan die ons een gevoel van welzijn geeft, waardoor zich een zekere bestaansgrens ontwikkelt.

Dat achter dit welzijnsgevoel ons innerlijke wezen schuilgaat achter verschillende sluiers van bewust-zijn, ontgaat ons vooralsnog. Ongemerkt beginnen wij op den duur, met onze keuzen meer en meer van dat welzijnsgevoel uit te gaan. Waardoor we tot de ontdekking komen, dat tegenstellingen die alleen op zichzelf gericht zijn, ons niet kunnen geven wat wij zoeken. En dan beginnen wij de oorzaak van de onvrede bij ons zelf te zoeken en onze keuzen nader te bekijken, waar-door het gezag van ons afgescheiden ego-oordeel afneemt.

Als tot ons doordringt dat wij de weg niet meer weten, en niet eerder, zal er van binnenuit als het ware een 'deur' geopend worden, waardoor we boven het vlak van tegenstellingen worden uitgeheven en de weg kunnen opgaan die uiteindelijk tot zelfrealisatie leidt.

En wanneer en hoe gaan we die weg op?

Die weg kunnen we opgaan als we tot het inzicht gekomen zijn dat het resultaat van wat we doen, voornamelijk gericht is op het dienen van ons ego, zonder met de gevolgen voor an-deren rekening te houden.

Het naar resultaten strevende ego-bewustzijn kan dan door een ander bewustzijn vervangen worden waarbij wel rekening gehouden wordt met wat wij ons innerlijke wezen, anderen of de gemeenschap aandoen. Dat nieuwe bewust-zijn is van een andere dimensie, dat pas actief kan worden als het eerdere niet meer vraagt, niet meer zoekt, maar stil en leeg geworden is. Het eenheidsbewustzijn van ons innerlijke wezen is dan ontwaakt.

Door daar tijdens onze dagelijkse activiteiten bewust van te blijven, komt het leven zelf in ons tot expressie en zal 'het leven' ons aanzetten tot doen. Later, terwijl we doende zijn, beginnen we iets van een zijns-ervaring waar te nemen. Van het vorige bewustzijn gaat de actie niet meer uit, en dat noemt LaoTze (een wijze uit de 6e eeuw voor Christus): 'Niet doende, doende zijn'.

En hoe bereiden we ons voor op de ontvangst van de expressie van 'het leven'?

De schouwende mens in ons die als getuige naar zichzelf kijkt, naar wie we daadwerkelijk zijn, goed of slecht en dat accepteert, blijkt later de deuropener voor de komst van de expressie van het leven zelf te worden. Het is het accepterende waarnemen, dat in stilte spontaan zelfbewustzijn en zelfherinnering in ons oproept.

Deze wijze van waarnemen is een schouwen, een kijken zonder oordeel of kritiek, ofwel blanke aandacht. Dat is de voorwaarde, waarvan de komst van een nieuw bewust-zijn in ons, afhankelijk is. De nieuwe mens die dan in ons ontwaakt is authentiek en wordt gevormd vanuit ons innerlijke wezen.

Wat de kern en het uitgangspunt van de afgescheiden ego-werkelijkheid betreft kunnen we zeggen dat deze afscheiding van het eenheidsbewustzijn in stand wordt gehouden door object-gebondenheid. Objecten zijn voorwerpen die los van elkaar bestaan en die we hebben willen. We bereiken dat, door middel van een doen om resultaten te verkrijgen. De wijze waarop is daarbij ondergeschikt. Ons oog ziet de vormen, maar is gesloten voor het leven in of achter de vormen, en is daardoor meestal ook gesloten voor het wonder van 'het leven', waaruit alles voortkomt.

Als we ergens een gevoel voor hebben en we blijven bij dat gevoel zonder dat ons denken zich ermee bemoeit, vloeit dat gevoel vanzelf over in een daad. Maar laten we ons denken erbij toe, dan onderbreken we de levensstroom en wordt de daad iets wat we alleen om het resultaat doen.

Diendend-doen daarentegen verbindt de innerlijke wereld

met de uiterlijke wereld, waardoor 'het leven' - de liefde en de wijsheid, zonder tussenkomst van het denken - door ons heen stroomt.

De waanidee dat het geestelijke ooit buiten de daad om in de materie kan worden ervaren, in plaats van door de materie heen, is de bron van mentaal geloof dat koud is, dat zonder daden kan bestaan en dat de bron van afscheiding is.

Het eenheidsbewustzijn daarentegen ontwaakt in ons, als wij tot de ervaring en de conclusie komen, dat het ware geestelijke leven in de materie verborgen is en dat met de openbaring daarvan door daden, de evolutie van de mens een aanvang neemt. Voor de mens op deze aarde is de hemel een innerlijke ervaring, terwijl de hemelpoort in de ons omringende wereld te vinden is.

Ieder mensenkind is geworteld
in de diepte van zijn eeuwige unieke wezen.
De bedoeling van zijn komst op aarde is,
daar een zo volmaakt mogelijke
expressie van te worden.
Daartoe zal het moeten leren
opgroeien, langs de weg
die zijn wezen en natuur hem aangeeft.

19. HET MENSELIJK GODDELIJKE

EEN BLIK IN VERRE TOEKOMSTEN

Wanneer voor ons het bestaan van een innerlijke wereld een werkelijkheid begint te worden, gebeurt dat doorgaans door middel van concentratie op ons innerlijk met het doel daarmee verenigd te worden.

Maar het bewustzijn van een lagere fase kan zich niet met een hogere fase van bewustzijn verbinden, omdat iets dat alleen bij enge grenzen kan bestaan, bij ruimere grenzen niet meer bestaat. Dat geldt in de eerste plaats voor het deelbewustzijn van ons ego, dat de laagste fase is. Zolang onze ego-involuties ons leven blijven bepalen, zoals heden ten dage algemeen het geval is, blijft de weg naar eenwording ontoegankelijk. En toch is er een weg.

Om die weg te vinden, zullen we vooraf de theorie moeten doorzien van de loop van het proces zoals dat in involutie-evolutie werd toegelicht, waarin uiteengezet wordt hoe wij onbewust door middel van involutie door ons ego tot daden worden aangezet. Vervolgens kan het dan tot ons bewustzijn doordringen hoe we dat proces, door middel van blanke waarneming en het niemandsland, zelf kunnen leren besturen. Na enkele ervaringen hiermee, moeten we de gevonden weg blijven volgen, waarbij we dan door innerlijke tegenwoordigheid begeleid worden.

Zoals omschreven in het hoofdstuk Bewust-zijn (hoofdstuk 9), gaan we uit van een bewustzijnsladder van zeven fasen, de ene bewustzijnsfase boven de ander. In iedere staat van 'zijn', kan een hogere fase met ruimer bewust-zijn neerdalen, zodra wij de lagere staat en het daarmee verbonden engere bewustzijn kunnen loslaten. De laagste fase, die het eerst wordt losgelaten, is die waar het ego-bewustzijn triomfeert, de hoogste zevende fase is de fase van het goddelijke bewust-zijn.

Zo breidt de eerste staat van 'zijn' zich uit met het ruimere bewustzijn van de tweede fase, en daarna als ook dat bewustzijn weer losgelaten wordt, met het bewustzijn van de derde fase en zo vervolgens met de opvolgende fasen. Tot, voortgaande op deze wijze, de hoogste fase van het goddelijke bewust-zijn, geheel zal zijn neergedaald.

Nu is het zo, dat wij ons ik-gevoel onbewust afstemmen op wat wij als werkelijkheid ervaren, en dat wat wij als werkelijkheid ervaren weer afhankelijk is van het bewustzijn dat we hebben. Doordat ons bewustzijn, bij iedere neerdaling van een hogere staat van bewust-zijn, telkens vanuit een grotere eenheid beleefd wordt, zal het werkelijkheidsgevoel van ons innerlijke wezen zich daarbij aanpassen.

Uiteindelijk zal, zo voortgaande, wanneer het goddelijke of eenheidsbewustzijn tot in de laagste staat van bewustzijn is doorgedrongen, het goddelijke-zelf als ons innerlijke wezen gevoeld worden. Dit openbaart ons dat het goddelijke in wezen, het ene ware in de schepping is.

Door de neerdaling van het goddelijke-zelf in onze menselijke staat van zijn, waardoor we daarmee één kunnen worden, zal zowel het goddelijke menselijk, als het menselijke goddelijk geworden zijn. Een nieuwe mensensoort zal dan op aarde zijn.

Het bouwen aan een brug tussen de bewustzijnsfasen, waaraan wij kunnen meewerken, is onmisbaar. Het bewustzijn dat we nu hebben, bepaalt onze werkelijkheid en op grond van deze werkelijkheid creëren we een ego-ik dat een gevoel van bestaan geeft. Bij iedere neerdaling laten we het bewustzijn los dat we hebben, waardoor het hogere bewust-zijn in ons innerlijke wezen kan neerdalen en er een nieuwe werkelijkheid ontstaat.

Bij het loslaten is het belangrijk te beseffen, dat we dit niet met ons denken kunnen doen, omdat het een overgave in vertrouwen is dat uit een innerlijk gevoel voortkomt. Het loslaten zal daardoor, zij het niet gemakkelijk, als iets natuurlijks ervaren worden.

Als een hoger bewust-zijn in ons neergedaald is, wat gepaard gaat met een intense ervaring van liefde en licht, van innerlijk zien en weten, en waardoor onze werkelijkheid verandert, zal 'het leven' voorzien in hetgeen voor onze groei naar heelwording verder nodig is.

De weg naar een gelukkig leven
in een harmonische samenleving
begint bij ons Zelf.

20. LIEFDE

Liefde is een warm gevoel van 'zijn' dat vol leven is, het is een vorm van levensenergie die aanvoelt als een bezieling van stralend geluksgevoel. Dat gevoel is onafhankelijk van onze levensomstandigheden.

Bewust liefde beleven is een nu-belevenis, die tegelijk innerlijk en uiterlijk is en boven het denkgebied ligt. Liefde is vrij en ongebonden. Als liefde aan regels wordt gebonden, ontsnapt ze ons. Ze is een 'state of being', een 'staat van zijn', die vrij door ons heen stroomt. Is dat niet de hemel in ons?

De hemel is geen plaats in de lucht boven ons. De hemel is een ervaring van liefde, vrede en geluksgevoel, die een innerlijke glimlach in ons tovert. Tenzij we tijdens een nu-belevenis zeggen 'ik hou van jou', is het doorgaans een herinnering aan een vroegere belevenis, die tot een standpunt geworden is.

Wat bevordert bij ons die hemelse ervaring?

Door ontvankelijkheid voor invloed van onze ziel worden we van het gevoel van liefde bewust. Dat gebeurt als onze afgescheiden betrokkenheid in de uiterlijke wereld afneemt, waardoor ons bewustzijn onmerkbaar aangetrokken wordt door de dimensie van ons zielenleven. Vanuit onszelf gebeurt dat zelden, daarvoor is de tussenkomst nodig van een bijzondere ontmoeting of gebeurtenis, van een medemens in nood of van een andere ervaring in de natuur of meditatie. Die tussenkomst werkt dan als het ware als een aansteker waardoor onze ziel ontvlamt en er een liefdegevoel over ons komt, waardoor ons ego tijdelijk oplost.

Het is het egoïsme dat zich de fysiek-materiële wereld heeft toegeëigend, vandaar dat liefde in het fysieke zelden tot ontplooiing komt. Liefde bestaat nog nauwelijks in of door middel van de daad op aarde.

Hoewel het verlangen naar liefde een groot deel van ons leven uitmaakt, wordt de liefde door de mens hoofdzakelijk mentaal beleefd en niet fysiek.

Fysieke liefde, wat zou dat zijn?

Dat is, vanzelfsprekende wederzijdse zorg voor elkaar hebben en gemeenschapszin, zorg voor de dingen, zorg voor ons werk, voor ons dagelijks leven in en buiten het gezin, medegevoel voor de samenleving, voor de natuur, voor het leven in de wereld. Naarmate dit medegevoel voortschrijdt zal alle schijn, alle onechtheid, alle maskerade geen reden van bestaan meer hebben. Liefde op het fysieke vlak brengt daar, op den duur, een ommekeer teweeg.

Veel mensen verstaan onder spiritualiteit nog steeds het leren bereiken van zelfrealisatie door spirituele kennis alleen. Maar zelfrealisatie zonder deze door daden in het dagelijks leven waar te maken, zodat de liefde in het dagelijkse leven voelbaar blijft, blijft als een luchtkasteel, krachteloos, in de lucht hangen. Zou spiritualiteit in werkelijkheid misschien fysiek en lichamelijk geworden geestelijke liefde zijn?
We zoeken spiritualiteit boven het fysieke vlak maar we vinden haar daar niet, omdat ze evenals de liefde een redewezen blijft, zolang het fysieke nog in de greep van het egoïsme wordt gehouden. Levenskunst is er wanneer we liefde in ons leven tot bestaan brengen op het fysieke vlak in plaats van het egoïsme dat daar heerst.
In de huidige, door het mentale geregeerde wereld staan gevoel en denken los van elkaar waardoor een gevoel dat uit liefde voortvloeit, door tussenkomst van egoïsme, vervormd wordt wanneer het de daad nadert?
Egoïsme, zelfzucht is liefde uit eigenbelang en gaat van scheiding uit. Het is eenzijdig naar zichzelf toe gerichte liefde, in plaats van wederzijdse liefde. Het is willen hebben, in plaats van zijn. Het levensvlak van de daad is bijna uitsluitend in handen van het egoïsme. Vandaar dat de liefde die de daad nadert, daar zelden wordt toegelaten.
Bij de daad aangekomen, waar het liefdegevoel fysiek tot uiting zou kunnen komen, springt onbewust het egoïsme naarvoren in vormen van begeerte, hebzucht, trots, macht, ijdelheid, eerzucht. Nog afgezien van de gevolgen van onvoldaan blijven, zoals schaamte, verlegenheid of zelfs blokkades.
In liefde is wijsheid ingebouwd, in liefde ontspringt het hogere mentale. De echte zo nodige liefde die tot onze zijns-erva-

ring kan leiden verbindt zich met de medemens, in plaats van deze op het fysieke vlak uit te schakelen.

Als tussen twee mensen de liefde ontwaakt is, gaat het erom in het gevoel van die ontwaakte sfeer te blijven tot in de daad toe. Dan is de daad, een daad van liefde en niet langer een van egoïsme. Het zou dus niet zo moeten zijn, dat liefde ons aanspoort en dat ons ego dan zegt 'o, dat maak ik wel af'.

Maar helaas zien we dat het liefde-samenspel voornamelijk in handen van het egoïsme is en dat het veelal los van liefdegevoelens beleefd wordt, zoals bij dieren. De beleving van ons seksuele leven vanuit liefde, zou de groeiende zielen-eenheid tussen de partners verdiepen en een ongekende vreugde geven, waardoor de seksbeleving van een andere kwaliteit wordt dan die nu is.

Door middel van blank waarnemen en het niemandsland kunnen wij de onbewuste ego-involutie waaraan we dat te danken hebben, verbreken. Dan zal onze bewuste involutie ons doen ervaren dat het ego niet meer tussenbeide kan komen. Daar is levenskunst op gericht en daar kan deze een rol gaan spelen in ons leven.

Liefde geeft en ontvangt; ego neemt alleen. Wij richten doorgaans onze liefde uitsluitend op de bijzondere enkeling zoals onze levenspartner, ons kind of onze ouders, een vriend of vriendin. Bij onze huisdeur houdt liefde meestal op. Bij het overige zoals ons werk, ontmoetingen in de wereld, en dingen zoals boodschappen doen en autorijden, is er weinig of geen enkel gevoel van liefde, van samen deel uitmaken van een leefgemeenschap.

Als ons dagelijks leven al heel weinig met liefde te maken heeft, kunnen we dan niet duidelijk inzien, dat ons leven vrijwel of helemaal niets met liefde te maken heeft?

'Liefde is het leven van de mens', geloof het maar niet. Theoretisch weten we dat wel, maar in de praktijk is ons leven van liefde verstoken, en als we ons leven er al even voor openstellen, dan doen we dat nog maar alleen in ons gevoel, in woorden en in een bijzonder geval misschien door een blik of een aanraking. Maar dat is dan alles, gaan we verder dan springt ons ego met zijn '-isme' naar voren, de liefde lost op en we proberen er voor onszelf alles uit te halen wat we kunnen.

Mensen die zoeken trachten op velerlei wijzen door middel van lezen, leren of bewustzijnsoefeningen in contact te komen met hun innerlijke wezen. Maar zij weten niet, dat niets in ons op een andere manier tot bestaan kan komen, dan door het in ons dagelijks leven bewust te ontvangen en los te laten wat dat verhindert. Daar waar het licht en de liefdewarmte niet ontvangen worden, kan 'het leven' zich niet openbaren. Vele miljoenen jaren geleden was de aarde leeg en sindsdien is alles uit moeder aarde ontstaan. De zon, scheppende kracht in ons zonnestelsel, beschijnt en verwarmt haar en doet het zaad in de aarde ontkiemen.

Op overeenkomstige wijze is liefde bij ons aanwezig, maar tot nog toe passief en daardoor ondergaan we ons leven onbewust zonder meer, zolang de liefde in ons dagelijks leven niet in daden wordt uitgedrukt. Dat vraagt van ons ego een overgave aan de leiding over 'het leven'. Dat is een ommekeer van ons bewustzijn. Onze ziel kan zich dan met geest en lichaam verenigen en zal zich ten volle in ons gaan openbaren.

In plaats van te zoeken gaat het om het toelaten van 'het leven' in onze daden. Als onze daden in een sfeer van liefde verricht worden, openbaren zij 'het leven'. Dat is op aarde de bedoeling, te komen tot een daadwerkelijke openbaring van 'leven'. 'In de liefdesfeer zijn' betekent, de liefde toelaten in en door ons dagelijks leven heen, ook met liefde kijken, winkelen, autorijden, met liefde ageren en reageren. Dan blijkt liefde een gevoel van eenheid, van samenzijn te geven.

Liefde wordt geacht alleen een gevoel te zijn, maar wordt ze ook ervaren als een verbindende levende energie, die tot eenheid leidt? Als we zeggen: 'Ik hou van je, ik heb je lief', komt dit zelden in daden tot uiting.

Liefde wordt koude plicht en opgelegde verantwoordelijkheid, de onzelfzuchtigheid verdwijnt en het egoïsme, dat het fysieke bezet houdt, neemt de leiding over. Het egoïsme doet alles 'om te', dat is 'voor wat hoort wat'. Liefde wordt dan tot middel om te krijgen wat we willen hebben.

Liefde is als het ware een verbindingsstof, maar is niet als lijm tussen objecten te gebruiken. Liefde is een krachtige energie met een sfeer van vertrouwen, die haar bestaansrecht heeft in de materie.

Hoe komt het toch, dat mensen die verliefd zijn daar de hoogste prioriteit aan geven?

Dat komt doordat de verliefde staat hen ongemerkt naar een andere bewustzijnsdimensie opheft van waaruit het leven vanuit een andere gezichtshoek gezien wordt en waardoor ze zich minder aangetrokken voelen tot de dagelijkse realiteit. Alleen al het denken uit liefdesverlangen aan de ander brengt die andere bewustzijnssfeer teweeg. Die liefde komt misschien voort uit een geheime invloed van onze ziel, om ons wakker te schudden en ons ervan te doordringen dat er nog een ander bewust-zijn bestaat, dan dat van het tijdelijke leven alleen, onze eigenliefde lost dan tijdelijk op door de liefde voor de ander. En zo heeft ook naastenliefde een overeenkomstige functie.

Echt liefdegevoel is een substantie van innerlijk leven. De mens heeft zo'n grote behoefte aan de staat van wederzijdse liefde, omdat daardoor de ander tot sleutel wordt om 'de schat in eigen binnenste' te ontdekken. De geliefde medemens is als het ware voorzien van een uit de innerlijke wereld neergelaten touwladder, en deze wordt door liefde voor elkaar, de weg waarlangs beiden tot ontwaken van het eigen innerlijke wezen kunnen komen.

DE LIEFDE LACHT

De liefde lacht
in de kruinen van de bomen.
De liefde lacht
in de vogels die daar komen.

Bij de vlinders, en de bloemen,
bij de bijen, als zij zoemen,
de liefde lacht.

Bij de rupsen, in het gras,
waar zij samen spelen,
't is de liefde die daar lacht.

En bij 't meisje, met haar krullen,
dat op een bankje wacht,
het is de liefde, die zij voelt,
die in haar lacht.

21. DIENEND-DOEN

In ons dagelijks leven is het motief waarom we iets doen, praktisch uitsluitend op het resultaat gericht. Of het nu om een groter of kleiner werk gaat, om het doen van het huishouden of boodschappen, ergens heengaan of iets verkopen, bij alles wat we doen gaat het bij het ego steeds om de uitkomst, het te bereiken doel alleen. Het doel heiligt dan de middelen, in plaats dat de manier waarop het doel heiligt.

Dienend iets doen is met liefde of innerlijke betrokkenheid iets doen, waardoor we de eenheid van de innerlijke en de uiterlijke wereld tot uiting brengen. Bij dienend-doen gaat het erom de dingen met gevoel van liefde en aandacht, zorgvuldigheid en vreugde te doen. De uitkomst daarvan is dan het resultaat.

Een voorbeeld van dienend-doen met betrekking tot spreken: Spreken met het doel voor ogen een ander iets op te dringen, tegenover spreken los van wat de ander daarmee doen zal, de ander vrijlatend.

En met betrekking tot luisteren: Als we luisteren met vasthouden van onze eigen mening, klaar om te antwoorden of in de rede te vallen, tegenover blank luisteren. Het vraagt van ons een innerlijk zwijgen, een stil zijn, dat is luisteren om zowel het gesprokene als de spreker zelf te kunnen verstaan en begrijpen. Als er zo door ons geluisterd en gesproken wordt, ontstaat er een elkaar aanvoelende levende communicatie die tot eenwording, begrip en harmonie leidt.

Wanneer we luisteren en spreken om ons doel te bereiken, is dat alleen op de uiterlijke wereld gericht, en zal het ons innerlijk onberoerd laten.

Handelen op deze wijze, geeft dan ook op den duur een onbevredigend gevoel, we gaan ermee door om het resultaat, maar de bezieling ervoor en de voeding die het ons kan geven zijn verdwenen. Het wordt dan een moeten doen in plaats van dienend-doen.

Daarentegen maakt handelen of werken in een sfeer van dienend-doen een einde aan de heerschappij van ons denken, en van ons ego-ik dat zich van het innerlijke leven niets aantrekt. Dienend iets doen is, vanuit liefde terwille van het leven, doen.

Waar liefde op de achtergrond blijft, neemt het denken de leiding over en hebben we nog wel verantwoordelijkheids- en plichtsgevoel, maar missen de warmte waardoor ons werk ons vaak tegen gaat staan en het nog slechts met moeite door ons wordt opgebracht. Aan de ander of aan het geheel wordt nog wel gedacht, maar we voelen ons er niet meer van harte bij betrokken. Als er geen liefde meer voelbaar is of de liefde voor onze daden is uitgedoofd, valt de relatie met de ander weg. Dat is zich in de wereld bezig te voltrekken en daarom worden wij nu haast gedwongen in te grijpen en ons levensinzicht te verdiepen.

Vanuit liefde dienend bezig zijn is zorg hebben voor het deel, maar altijd terwille van het geheel. Het is een handelen, waarbij het ego-ik niet meer actief aanwezig is, maar het leven zijn weg vindt door onze handelingen heen. Dan staan niet meer de resultaten, de vruchten van de handelingen, als doel voorop, maar het handelen zelf. Het leven en de liefde openbaren zichzelf dan in en door de wijze waarop wij handelen. Al ons doen om toe te eigenen, ook achteraf, is dan weggevallen.

We kunnen ons bewust gaan worden dat het eeuwig tussenbeide komende denken ons bij veel dingen onze daadkracht ontneemt, waardoor we extra doorzettingsvermogen nodig hebben en het ons vaak te veel wordt waardoor we de dingen uitstellen of erbij laten. Ook wanneer we bezig zijn in een sfeer van dienend-doen, zal ons gewoonte-denken ons willen verstoren.

We kunnen onszelf aanleren tijdens het werk onze gedachten gade te slaan en deze te zien als wolken die aan een blauwe hemel opkomen en weer voorbij trekken, door er niet op in te gaan zodat onze innerlijke zon kan blijven schijnen. Het gaat erom door onze daden heen de conditie te scheppen waardoor we in verbinding blijven met 'het leven'.

Twee belangrijke facetten van 'het leven' zijn, dat het én scheppend én ontvangend is zodat we, als we ons door 'het leven' laten leiden, tot het hoogste geluk komen. Door dienend-doen geven we grond aan 'het leven', het doet een beroep, een appèl, op onze verwaarloosde eigenschappen, zoals vriendelijkheid, mededogen, gemeenschapszin, bereid zijn ons innerlijk met de ander te delen. Wees daarbij oprecht en waakzaam, zodat we niet in maniertjes vervallen of in een 'opgepoetst' standpunt.

Dienend-doen is een door liefde gedragen doende 'zijn', waar een vanzelfsprekend gemeenschapsgevoel bij aanwezig is. Hierdoor zullen we de bezetting door ons ego-gedrag kunnen doorbreken en kunnen wij de liefde die in het fysieke besloten ligt bevrijden en meehelpen aan de opbouw van een leefbare wereld.

Velen van ons denken erover iets te gaan doen en moeten dan vaak vaststellen, dat alleen denken erover niet voldoende is. Denken over iets zet ons niet aan om het te doen. Denken is een actie, een proces dat in zichzelf compleet lijkt te zijn. Zo kunnen we eindeloos denken of discuteren over dingen die ons bezighouden, zonder dat wij vanuit het denken aangezet worden tot handelen. Soms kan het zijn dat we na zo'n denkproces besluiten iets uit te voeren, maar veelal zonder daarbij ons 'levende' gevoel te raadplegen, om daarna in te zien dat wij het verlangde resultaat niet hebben bereikt.

Het gevoelsbesluit dat van 'het leven' uitgaat blijft warm, in en door de daad heen, terwijl de ijver die van het denkende ik uitgaat, langzaam afzwakt en verflauwt naarmate het doen voortgaat.

In het eerste geval, al voortschrijdende, doortintelt het leven ons meer en meer. In het tweede geval moeten we doorzetten, willen we onze handeling afmaken om het resultaat te bereiken, en daar worden we moe van. Heden ten dage gebruiken, of misschien beter misbruiken wij als mens, onze levenskracht onbewust.

Beseffen we wel, dat het ons vaak gebeurt dat we iets doen zonder dat we zelfs over de uitkomst hebben kunnen denken? Dan ontstaat het doen spontaan, doordat we gevuld worden met een door ons heen stromend gevoel van vreugde, bijvoorbeeld als de lente zijn intrede doet of wanneer we van een ander houden.

Wij hebben gelezen dat dienend-doen onze innerlijke en uiterlijke wereld verbindt door een daad waardoor ze samenvloeien. Maar in het algemeen is er bij de huidige mens weinig erkenning voor de innerlijke wereld, omdat er geen ontvanger voor is. Zij kunnen het bestaan ervan dan ook niet voelen en ervaren.

Maar als wij bewust gaan waarnemen dat ons handelen van scheiding uitgaat, gaan wij er rekening mee houden en kunnen we aan die scheiding een einde maken. Gewaarzijn, onverdeelde aandacht hebben, is een verhoogde staat van bewust-zijn. Bewust-zijn dat alles waarneemt, geen tegenstellingen ziet en alles insluit, hetgeen de bron is van harmonie.

Maar blijven wij daarentegen in ons daadwerkelijke leven onverminderd van scheiding uitgaan, terwijl we weten dat er een innerlijke wereld is, dan bewijst dit dat weten alleen ons niets doet. Dat dit weten alleen kennis is zonder gevoelservaring en deel uitmaakt van ons ideaalbeeld. Bovendien kunnen wij, waar we niet vast in geloven, moeilijk onthouden en we kunnen er daarom ook niet vanzelf van uitgaan.

Daarom ontdekken we telkens opnieuw dat we vergeten zijn dat de innerlijke wereld reëel is. Zijn wij daar uit eigen levenservaring wel van overtuigd, dan hoeven we het niet te onthouden. Dan is ons bewust-zijn als een blanke bladzijde, vrij en onverdeeld en zijn we in de sfeer, waarin het gemoed en onze daden verbonden zijn met ons innerlijke wezen.

Zijn we er niet met ons innerlijke wezen bij betrokken en doen we hetgeen voor ons ligt 'om te' of omdat het moet, dan mist het de sfeer van 'het leven'. Als we van dienend-doen ons levenswerk maken zal onze geest naar buiten treden, waardoor de sfeer van 'het leven' ons zal vervullen en omhullen.

Laten we dit nu eens zien in het licht van de opvoeding van kinderen. Als het uitgangspunt in ons leven voornamelijk gericht is op het bereiken van resultaten, terwijl de wijze waarop deze resultaten worden bereikt niet of nauwelijks van belang is, schakelen we bij de opvoeding voortdurend het wezen en de innerlijke tegenwoordigheid van het kind uit, en maken een kopie of een robot van het kind en dat versterkt het ego. Terwijl het kind, als we een leefwijze van dienend-doen huldigen en het begeleid wordt op een manier en in een sfeer van wederzijds respect, ontvankelijk wordt voor eigen innerlijke begeleiding, dan sluit het zich er niet voor af. Het zelfvertrouwen van het kind wordt door de sfeer van dienend-doen gevoed en mogelijke kritiek wordt door het kind vanuit innerlijke verbondenheid tegemoet getreden.

Als we een mensenkind op deze wijze helpen opvoeden, wordt het innerlijke wezen van het kind er ongemerkt bij betrokken, waardoor het verbonden blijft met het intuïtieve weten en wordt het 'al doende leert men' vanzelf actief.

Aan dat wat je doet,
ken je je wil.
Zeggen wat moet,
is slechts een gril.

Maar,

willen iets doen
is beginnen ermee.
Dienend iets doen
brengt welvaart en vree.

22. SFEER

Zijn we ons in ons dagelijks leven bewust van de invloed die van de sfeer van dingen en mensen uitgaat? Of ondergaan we die sfeer automatisch?

Het eerste dat wij meestal ondergaan bij het betreden van een kamer, bij de ontmoeting met een vreemde, bij een concert, bij het lezen van een brief, bij weersomstandigheden enzovoort is de sfeer ervan. De sfeer verwekt een stemming en doet dat zonder woorden. Het is de indruk die van iets uitgaat, bij mensen kan het een soort uitstraling zijn die sterker of zwakker is.

Het bijzondere van sfeer is dat er een invloed van uitgaat, waarop door mensen duidelijk, maar meestal automatisch wordt gereageerd. De sfeer is ook de uitstraling die uitgaat van de aura van mensen en van bepaalde kunstvoorwerpen. De aura is het fijnstoffelijke omhulsel, dat individuen en voorwerpen omgeeft, waarvan de uitstraling in sommige gevallen duidelijk voelbaar kan zijn.

Maar behalve dat, zijn er veel voorwerpen waarvan het doel of de toestand bij ons een gevoel van sfeer oproept, zoals een fles champagne, of een kerstboom met kaarslicht, een rommelige keuken, een vuil toilet enzovoort. Deze dingen of situaties veroorzaken een bepaalde sfeer bij mensen, waar ze gevoelig voor zijn.

Van sfeer wordt ook gesproken bij gevoelens en gedachten waarmee we leven en waarvoor we openstaan; bijvoorbeeld de sfeer van het milieu waarin we leven en waarin bepaalde dingen gebeuren. Ook wordt gesproken van de sfeer van de stilte, van de stemming waarin wij met anderen samenzijn, van de persoonlijke sfeer of de intieme sfeer.

We kunnen zeggen dat een sfeer bolvormig is en bestaat uit cirkels, om eenzelfde middelpunt. Sfeer kan ook een denkbeeldig gebied zijn, waarin bepaalde geestelijke waarden thuishoren.

Dichterlijk wordt er gesproken van de 'harmonie der sferen', dat is de muziek die de hemellichamen bij hun beweging door de ether voortbrengen.

Belangrijk is de sfeer die van ons innerlijke wezen en het bovenzinnelijke uitgaat, die een sfeer schept van een zonnig klimaat dat verdeeldheid oplost. De sfeer die we bij ons dragen en uitstralen, hangt als een onzichtbare mantel om ons heen, en kan duidelijk door anderen worden gevoeld.

Er zijn vele verschillende sferen zoals de sfeer van een kaars tegenover die van een lamp, de sfeer van de zon waarin we liggen te zonnen tegenover de sfeer van de ondergaande zon. Er is een koude sfeer die uitgaat van onverschilligheid voor wat we anderen aandoen, en een warme sfeer van naar anderen uitstralende liefde. Andere vormen waarin we duidelijk een sfeer kunnen waarnemen is, als we onder andere opgewonden zijn of ongevoelig, hebzuchtig of haatdragend. Een sfeer drukt de gevoelens en gedachten uit die we op dat ogenblik hebben en bepaalt de aard van onze aandacht.

Ieder mens is min of meer onbewust door een eigen sfeer omgeven. Door gebrek aan een bewuste sfeer die van ons innerlijke wezen uitgaat, hebben we weinig houvast en zijn we gemakkelijker door suggesties of ingevingen van anderen over te halen en in te palmen. Een mens zonder een bewuste eigen sfeer is als een object, dat een gemakkelijke prooi of speelbal is van zijn of haar omgeving en omstandigheden.

Het kan duidelijk geworden zijn dat het de sfeer van onze betrokkenheid is, die de vorm van aandacht, of een tekort daaraan, voortbrengt en dat er evenveel graden of dimensies van sfeer zijn als er ikken zijn. Deze ikken bepalen derhalve de aard van de sfeer en de aandacht die we hebben.

Het is de sfeer van een actief ik of middelpunt in ons, dat de aandacht bepaalt. Deze sfeer is er eerder dan de aandacht, maar omgekeerd kan sfeer ook ontstaan door het bewust-zijn, dat van ons innerlijke wezen uitgaat, als wij met blanke aandacht waarnemen. Doorgaans ontstaat er een sfeer als gevolg van een onbewuste reactie op een gebeurtenis, die onze gemoedsstemming bepaalt. Komt de sfeer daarentegen voort uit ons innerlijke bewust-zijn, dan vormen bewust-zijn samen met onze gemoedsstemming en aandacht, een hechte eenheid en is er een sterke sfeer in en om ons heen waarvan de uitstraling door onze omgeving meestal kan worden opgemerkt.

Laten we nu wat nader ingaan op de verschillende vormen van sfeer, in verband met bewust-zijn en aandacht. De sfeer verschilt naarmate ons bewustzijn innerlijk of uiterlijk gericht is of zich daar tussen in beweegt, hetgeen ook onze aandacht bepaalt. De aandacht van mensen die weinig of geen zelfkennis hebben, is bijna uitsluitend gericht op hetgeen er in de buitenwereld gebeurt en zij laten hun eigen sfeer grotendeels bespelen door wat daar gebeurt. Telkens zal een ander gebeuren een andere sfeer in hen teweegbrengen.

Als we meer sfeerbewust worden van ons eigen bewustzijn, trekken we als een magneet alles aan wat met die sfeer overeenkomt en stoten we af wat daar niet mee in overeenstemming is, wij zijn daarvoor dan niet ontvankelijk. Zijn we niet of weinig sfeerbewust dan staat onze aandacht voor alles open en zijn we verdeeld, en kunnen we zelfs een speelbal van de gebeurtenissen worden. Dan doet kritiek meestal pijn of wekt gemakkelijk onze woede op. We vechten dan om ons ego in stand te houden.

Als we de sfeer van innerlijke verbondenheid voelen, kwetst ongevraagde kritiek of veroordeling ons niet. Door een bewuste sfeer bij ons te dragen, voorkomen wij dat we geïdentificeerd raken, waardoor we in staat zijn de waarde van de gebeurtenis te beoordelen en ervan te leren. Is de sfeer van innerlijke verbondenheid echter verdwenen, doordat we deze hebben losgelaten, dan is de kans op conflict groot.

Daarom is het raadzaam dat we, als we bijvoorbeeld een gesprek gaan krijgen, waarin het nodig is iemand onze mening of standpunt te zeggen, eerst bewust een sfeer van verbondenheid met de ander scheppen. Vanuit deze sfeer met de ander, zijn we beter in staat te verwoorden wat we te zeggen hebben en de ander zal kunnen luisteren, zonder boos te worden.

Duidelijk zal worden, dat als er van ons een sfeer van innerlijke verbondenheid uitgaat die beide tegenstellingen insluit, de betrokkene zo'n gesprek niet als een aanval ervaart en met gevoel open kan staan voor hetgeen gezegd is. Wij kunnen dit vergelijken met iemand, die een steen des aanstoots rustig in de hand van de ander legt om te bekijken, in plaats van dat hij diezelfde steen van een afstand naar diens hoofd gooit.

Omdat sfeer zo'n belangrijke rol speelt in ons leven, zouden we niet langer enkel oog moeten hebben voor gebeurtenissen op zich, maar zouden we ook ons onderscheidingsvermogen en onze gevoeligheid voor sfeer moeten ontwikkelen. Want de sfeer waarin iets geïnvolueerd wordt, bepaalt de aard van de evolutie ervan.

We kunnen ons van onze sfeer meer en meer bewust worden naarmate we hetgeen we doen, dienend gaan doen, want dat doet de bijzondere sfeer van verbondenheid met 'het leven' in ons ontstaan.

Laten we dagelijks bij onszelf nagaan of we ons duurzaam van de sfeer van ons levensdoel om ons heen bewust zijn. Die sfeer beschermt ons als een 'afweersysteem' tegen afleidende of schadelijke invloeden. Wij kunnen daarbij een poortwachter plaatsen, zoals hiervoor genoemd, die over dat bewustzijn waakt. Het is van groot belang de invloed te zien, die uitgaat van de sfeer waarin we iets doen, omdat deze een duidelijke uitwerking heeft op de gebeurtenissen in ons leven. Zo ontstaat, door een bewuste involutie, de sfeer waarin de gebeurtenis zich zal voltrekken.

23. DE WERELD IS DE WEG

De verschijnende wereld,
de veranderlijke, vergankelijke wereld
'is' de weg.
De weg waarop alle gebeurtenissen
en alle ontmoetingen,
met mensen en met dingen,
met geluk en liefde,
met verdriet en pijn,
met lichten en duisternissen,
van langere en kortere duur,
onherroepelijk leiden
tot de uiteindelijke ontmoeting
en eenwording met ons zelf,
met ons onsterfelijke zelf,
door ontmaskering van ons ego.

En de weg daarheen
gaat door de wereld,
door ons dagelijkse zelf,
door ons lichaam,
door ons werk heen.

Maar gaat ons ego eromheen,
tegen de wereld, tegen moeilijkheden in,
accepteren we gebeurtenissen niet,
vluchten we ervan weg.

Alles zal tot ons terug blijven keren,
tot we begrepen hebben,
dat we erdoorheen zullen moeten gaan.
En we erdoorheen gaan,
zonder ons te verdedigen.

Door wie we liefhebben heen

en door onze tegenstander,
door onze strijd, onze kracht
en door onze zwakte heen.

Maar als we weten
dat we niet stil moeten staan,
omdat de wereld de weg is
die we moeten gaan.

Dan hoort het erbij,
dan kunnen we het aan,
wat er ook gebeurt.
Onze last wordt dan lichter,
want de hemel komt dichter,
bij wie niet meer stil blijft staan.

Als we bewust ons leven zien,
als de weg die we moeten gaan,
dan zien we ons zelf in het verschiet,
we kunnen niet blijven staan.

Voor ons wordt elke dag weer nieuw,
de ontmoeting komt tot stand.
En beide zelven komen saam,
en leven hand in hand.

24. DE SLEUTEL

Als we het boek nu bijna uit hebben, kunnen we het gevoel krijgen dat het ons ergens verrijkt heeft, maar zonder het laatste hoofdstuk zal dat misschien alleen in ons geheugen blijven hangen.

We kunnen er de eerste tijd af en toe nog wel eens aan denken, maar daar blijft het dan bij. Ons leven zal daardoor niet veranderen. Het laatste hoofdstuk kan het belangrijkste voor ons worden, omdat het ons de weg wijst naar de manier waarop we zelf de sleutel kunnen gebruiken voor verdere opening van de deur naar ons innerlijke wezen.

Door de weg van levenskunst te gaan zal onze levensverandering, waarin gelukkig zijn centraal staat, vanzelf tot een nieuw leven kunnen leiden.

25. BEWUST DAGBEGIN

Een bewust dagbegin vraagt om elke ochtend af te stemmen op de geest en de sfeer waarin we de dag willen beleven. Dat zal de koers uitzetten en voorzien in de energie die nodig is om stand te houden tegenover alle voorbijgaande voorkeuren, oordelen, gemakken en gewoonten die onder normale omstandigheden onbewust onze dag vullen. Het verloop van een dag hangt voor het grootste deel af van het eerste begin. Want óf we gaan blindelings door waar we gisteren gebleven waren, óf we beginnen iedere dag ons leven opnieuw.

Laten we ons goed realiseren dat zonder involutie geen evolutie volgt, zoals een wekker niet afloopt als deze niet opgewonden is. Met andere woorden, dat het zonder bewust dagbegin weer een 'verloren' dag kan worden, wat het werken aan ons levensdoel betreft.

Want als wij onze geest bij het ontwaken niet eerst even bewust tot rust weten te brengen, voordat we er direct weer vandoor roetsjen, of door problemen of afleidende sferen worden ingepalmd, blijven al onze goede bedoelingen in de lucht hangen. Als we de goede voorkeur denken, maar ons onbewuste gevoel de voorrang geeft aan andere voorkeuren, dan wint dat gevoel het van onze goede voornemens.

Zonder dagbegin glijdt ons leven zo gemakkelijk onbewust terug in de oude voegen en patronen en de begoochelingen daarvan, waardoor we ons telkens als we daar niet meer aan willen toegeven, weer moeten weten los te koppelen om opnieuw onze levenskoers in te stellen.

Zoals we in het hoofdstuk over niemandsland hebben kunnen begrijpen bestaat ons bewustzijn uit een waarnemend deel en een betrokken of deelnemend deel.

Het blanke waarnemende deel, dat niet toeëigent behoort tot de innerlijke wereld, en het wel toeëigenende betrokken deel behoort tot de materiële wereld. Die twee delen samen vormen het eenheidsbewustzijn dat de twee werelden verbindt. In het algemeen kenden wij deze onderscheiding aanvankelijk niet. We waren ons niet bewust van het feit, dat er tussen het waarnemende deel en het deelnemende deel van ons bewustzijn een kleine tussenruimte is, een soort niemandsland. Het is een kort tijdsmoment van een enkele seconde, waarin de waarneming nog blank is en waarin objectief wordt waargenomen, zonder goed- of afkeuring, zonder er aantrekking- of afstotingskracht aan te ontlenen.

Doordat wij daar onbewust van zijn, gaat hetgeen waargenomen wordt meestal ongemerkt over in hetzij positieve of negatieve gevoelens, gedachten of verlangens omdat ons ego zich automatisch betrokken voelt. Daardoor wordt het voor ons een werkelijkheid waardoor ons gevoel, ons humeur of onze daden beïnvloed worden.

Willen wij niet langer telkens onbewust aangetrokken worden door de zee van vibraties, invloeden en suggesties die uit de wereld onophoudelijk tot ons doordringen, dan zullen wij de sleutel daartoe kunnen vinden in dat korte tijdsmoment ofwel niemandsland. Daar is de overgangsplaats waar de al dan niet toegankelijkheid voor die invloeden ligt, en het is van groot belang dat we dat bij het dagbegin beseffen.

Realiseren wij ons het bestaan van dat niemandsland bij het dagbegin en zijn wij bewust van het waarnemende deel van ons bewustzijn, dan kunnen we zelf vanuit ons levensdoel kiezen wat we wel of niet willen toelaten. Als we hiervan een vaste gewoonte maken, dan zal daaruit als het ware een onderscheidend vermogen, een soort 'poortwachter' ontstaan, die de onbewuste werking van het ego vervangt.

Deze poortwachter zal dan hetgeen waargenomen wordt onderscheiden en dat wel of niet doorsturen om getransformeerd te worden in gevoelens, gedachten of daden. Daardoor worden de afgescheiden ikken in harmonie en in overeenstemming gebracht met ons gestelde levensdoel.

Als de poortwachter aldus actief is geworden en we door het negatieve niet meer aangeraakt worden, omdat we ons daarbij niet betrokken voelen, verkrijgen we meesterschap en kunnen we alle gebeurtenissen met vertrouwen tegemoet treden.

Het is duidelijk, dat hoe sterker geconcentreerd ons levensdoel in ons bewustzijn is opgenomen hoe feillozer de poortwachter de keuze zal maken. Wisselende levensdoelen daarentegen brengen de functie van de poortwachter in de war, waardoor er van bescherming geen sprake meer is en ons innerlijke wezen onbeschermd openstaat.

Laten we er voortdurend van doordrongen blijven, dat een negatieve invloed alleen bij ons kan binnenkomen door verwaarlozing van het begrip niemandsland. Want dan wordt de blank waarnemende ik gelijk aan de betrokken-ik, alsof die twee ikken hetzelfde zijn. Dat dit niet het geval is, komt duidelijk uit bij de oefening 'ik zit en ik weet dat ik zit'. De ene ik zit werkelijk, en de andere ik neemt alleen waar dat ik zit.

Anders gezegd, bijvoorbeeld als we eten, slaat dat op het deelnemende deel van ons bewustzijn en zien dat we eten slaat op het blanke waarnemen ervan.

Ons ego heeft geen bewustzijn en dus geen blanke waarneming, geen niemandsland en geen keuze. Het ego heeft geen innerlijke strijd want het zit gevangen en weet niet dat het gevangen zit. Het ego verlangt daarom ook niet naar vrijheid omdat het deze niet kent. In tegenstelling tot ons innerlijke wezen dat de vrijheid wel kent.

Als wij niet altijd bewust waarnemen, hebben we de poortwachter nodig die ons eraan herinnert blank waar te nemen, waardoor negatieve invloeden ons niets doen. Er is geen sprake van gevoelens moeten beheersen als die er niet zijn. Bij alle negatieve gedachten, gevoelens en handelingen gaat het er niet om, dat we ons zouden moeten beheersen, maar het gaat erom dat we die gevoelens niet meer hebben.

De strijd te willen winnen door niet toe te geven aan wat je graag wilt, leidt tot niets.

Dat wekt de schijn dat we goed bezig zijn, maar we komen zo niet van het conflict af. Het houdt ons en de hele mensheid in de ban, want die strijd is geen echte strijd, maar een niet oplosbaar conflict. Die strijd is niet te verliezen en niet te winnen.

Het is als een draak, die we al vaak de kop hebben afgehakt, maar die telkens onverwacht toch weer die kop opsteekt. Vele mensen hebben last van zo'n conflict dat zich regelmatig doet gelden en waarvoor ze geen oplossing kunnen vinden.

Er zijn verschillende van deze conflicten in de wereld zoals bijvoorbeeld macht willen uitoefenen over anderen of te veel eten, te veel alcohol drinken, roken, seks, drugs gebruiken enzovoort. Als wij in de ban zijn van zo'n niet oplosbaar conflict, vraagt dat van ons, dat we in ons bewustzijn zowel de blanke waarnemer als de poortwachter geen ogenblik loslaten.

Zoals eerder omschreven gaat aan ieder goed voornemen, een moment van blanke waarneming vooraf, al is het nog zo klein. Maar zolang we daar niet bewust van zijn, kunnen we geen vrije keuze maken en doet ons ego dat. Bij het dagbegin gaat het erom, bewust te zijn van dat niemandsland, de keuze voor die dag te involueren en daarbij een poortwachter te plaatsen.

Bewust een dag beginnen doen we als volgt.

Vooraf openen we ons voor de bewustzijnssfeer van het nu-moment, met andere woorden, we worden stil en beleven het eeuwige nu in de voorbijgaande tijd.

* We concentreren ons op ons levensdoel, stellen ons dit zo levendig mogelijk voor en involueren het.
* Bevestig en bekrachtig dat vervolgens met enkele krachtige uitademingen. Hoe sterker de sfeer van ons levensdoel door ons gevoeld wordt en in ons bewustzijn is gegrift, hoe feillozer waakt, ondersteunt en beschermt de poortwachter ons om het gestelde doel te verwezenlijken.
* We stemmen af op het leren, verlichten en leiden van de presence. Hiervoor is het belangrijk dat we onze gedachten en emoties eerst weer stil laten worden.
* Nu laten we die sfeer van afstemming voelbaar in ons dag-bewustzijn binnenvloeien als poortwachter. Deze bepaalt welke van de gewaarwordingen, suggesties en reacties wel, en welke niet in overeenstemming zijn met ons levensdoel en zal ons waarschuwen indien dat nodig is.
* Als we zover gekomen zijn, overzien we het programma dat vandaag voor ons ligt en besluiten we ons werk dienend te doen.

Dan beginnen we de nieuwe dag en houden bewust deze sfeer in ons en om ons heen. Daardoor bestaat er tussen onze innerlijke en uiterlijke wereld geen keerpunt, geen tegenstelling en vormen zij samen één bewust-zijn.

GELUK

is als een blije vlinder
licht weerkaatsend
in de zon.

Doelverbonden
blijft ze bij je,
doel vergetend
keert ze om.